学級担任のための

外国[illegible]児童
[illegible]
ハンドン[illegible]ク

菊池 聡
Kikuchi Satoshi

小学館

プロローグ
よし！
いよいよ始まるぞ。
楽しみ半分、
不安が半分…。
なぜなら昨日…
○○小学校
前日の校長室
これは
先生のクラスの
名簿です。
えっ!?
どうしてこんなに
カタカナや英語が…。
日本にない漢字も!?
えーと、この子とこの子は
ベトナム人。この子は
3か月前、この子は
半年前に来日したから、
一斉学習は難しいなあ。
この子は日本国籍で
日本語は聞くことができる
けど、話すことはまだ
難しいみたい。この子は……
……この子は……
え〜っ、日本人は
いないのでしょうか？
で、
この子とこの子と
この子が
日本人なんです。
さ、3人
だけ…。
どうしよう…
クラスの大半は
外国籍!!
しかも
残りの日本人の
半分は、日本語が
苦手なんて…。

でも、初日だからがんばろう。
つかみはOK!
職員室
ベトナムのシンチャオ、中国のニーハオ…
山田先生、おはようございます。
先週来日したカンボジアの子が今日から登校するって。
副校長
はい。
…ってそんなの聞いてないよ…。カンボジア語がわかる子 いるかな?
わたしが保護者と手続きをするから、子供は今日から教室でお願いします。
クラスに行くと
せんせいー この子、今日からこのクラスに入るらしいよ。
昇降口で頼まれたから連れてきました。
ピセイさんだって。
この席空いているから座らせました。
みんなありがとう。

4年1組の担任の山田一郎です。1年間よろしくお願いします。
先生はなに人ですか？
えっ？先生は日本人だよ。
ぼくはベトナム人。
わたしは中国人。
このクラスは小さな地球か?!
出席をとります。大きな声で返事をしてください。〇〇さん
先生、その子は欠席が多くて、先生が毎朝電話していましたよ。
わかりました。後で電話してきます。
聞いてないよ〜…。
つぎはマカラさん。
はい。ぼくはカンボジア人です。
よかったー。じゃ、ピセイさんの通訳をお願いしますね。
いや、無理です。ぼくは日本生まれだから、カンボジア語はわかりません。
そ、そんなこともあるんだ…。
休み時間の校長室
校長先生、早速困ったことが…。
日本語がわからない転入生もいるし、まだ5〜6人は登校していません。
山田先生、大丈夫ですよ。この学校には国際教室の先生がいますから。

教室に戻ると
先生 大丈夫だった？
いや、電話がつながらなかった…。
ガラッ
あっ、菊池先生が来たよ！
チョムリアップスオー
先生、どこの国のあいさつですか？
!!
わかった カンボジアだ！ ピセイさんびっくりしてる。
私は外国の子どもたちの支援をする、国際教室担当の菊池です。
安心してください！
私が支援のしかたを教えましょう。いっしょにがんばりましょう。
よろしくお願いします!!
まかせてまかせて!!

はじめに

　今から20年近く前……。海外勤務から久しぶりに帰国した際に、「学級担任ではなく、国際教室担当をお願いします」と告げられました。赴任した学校は、外国籍及び外国につながる児童（以下、「外国人児童」とする。↓p.191）が多く在籍していることで全国的に有名な横浜市立I小学校。日本語がわからない子供を前にして、「何からどうやって支援したらいいのか……」、毎日が試行錯誤でした。それは単に日本語がわからない子供に日本語を教えればよいということではなく、在籍学級での教科学習から生活指導、給食や掃除、友達との関わり方、登下校、保護者との連携など、様々な支援が必要となり、私は地域自治会や行政、ボランティア、大学、近隣学校、そして本校全職員と協働することで解決を図ってきました。

　1990年の「出入国管理及び難民認定法」の改正後、日本に暮らす在日外国人の数は急速に増え、約288万6000人（2020年6月末現在。法務省・出入国在留管理庁調査）となっています。それとともに、外国人児童生徒も年々増加し、受け入れる学校にとっては課題が山積みの状況となっています。

国の政策として、日本語指導担当教諭の配置や外部人材の配置、教材や指導体制の整備などの改善も一定程度は進んでいます。しかし、滞在の長期化に伴って、母語（→p.191）・母文化の継承、不登校・不就学、進学・就労などの新たな課題も見られるようになり、児童生徒自身や保護者、そして学校教職員の努力だけで解決できるものではなくなってきました。

国や自治体の支援がさらに充実することを期待しますが、支援の充実を待っている間にも子供たちはどんどん巣立っていってしまいます。今すぐにでも、私たち学校教職員は子供たちのために「ワンチーム」となって、スピード感のある教育を実現していかなければならない状況なのです。

この本では、長く外国人児童の教育に関わってきた私の経験を元にして、子供たちと日々向き合っている学級担任の先生方の参考になる教育実践を紹介していきたいと思います。

プロローグ 2
はじめに 6

Ⅰ 教室での困った事例別対応法

Case1 日本語が全くわからない子が転入してくる！ 12
Case2 日本語がわからない子への教室での最初の指導 20
Case3 今日から外国人児童がクラスの一員に！ 24
Case4 日本語指導①―日本語を初めて学習する子供の日本語学習は？ 30
Case5 日本語指導②―来日後少し経った子供の日本語学習は？ 38
Case6 日本語指導③―日本語が少しわかるようになると…… 44
Case7 日本語指導④―日本語学習を始めて約1年過ぎる頃になると…… 48
Case8 教科指導①―「国語科」の学習はどうするの？ 54
Case9 教科指導②―「算数科」の学習はどうするの？ 60

Case10 教科指導③ 「理科」の学習はどうするの？ 64
Case11 教科指導④ 「社会科」の学習はどうするの？ 70
Case12 教科指導⑤ 「生活科」「総合的な学習の時間」の学習はどうするの？ 74
Case13 教科指導⑥ 「体育科」の学習はどうするの？ 82
Case14 教科指導⑦ 「家庭科」の学習はどうするの？ 86
Case15 学級経営・生活指導① 友達との関係はどうつなぐの？ 92
Case16 学級経営・生活指導② 生活や習慣の違いにどう対応する？ 96
Case17 学級経営・生活指導③ 「欠席が多い」「不登校」「不就学」などへの対応は？ 102
Case18 学級経営・生活指導④ アイデンティティをもてない子、自己肯定感が低い子への対応は？ 106
Case19 行事との関わり① 運動会ではどんな配慮が必要？ 114
Case20 行事との関わり② 避難訓練・安全教育はどのように行う？ 120
Case21 行事との関わり③ 遠足・宿泊学習で気をつけることは？ 124
Case22 行事との関わり④ 入学式や卒業式はどのように行う？ 128

Ⅱ　保護者への対応と地域との連携

Case 23　最近の外国人保護者の傾向と問題とは？　136
Case 24　保護者に行事に参加してもらうには？　142
Case 25　学校と地域との連携をどう進める？　150
Case 26　地域と連携した家庭支援の方法とは？　154

Ⅲ　多文化共生社会と外国人児童支援の課題

1　今後の日本社会はどう変わる？　160
2　外国人児童生徒をめぐる支援の現状は？　165
3　多文化時代の学校教育のあり方とは？　169
4　多文化共生社会への道　180

あとがき　187

I

教室での困った事例別対応法

Case 1

日本語が全くわからない子が転入してくる！

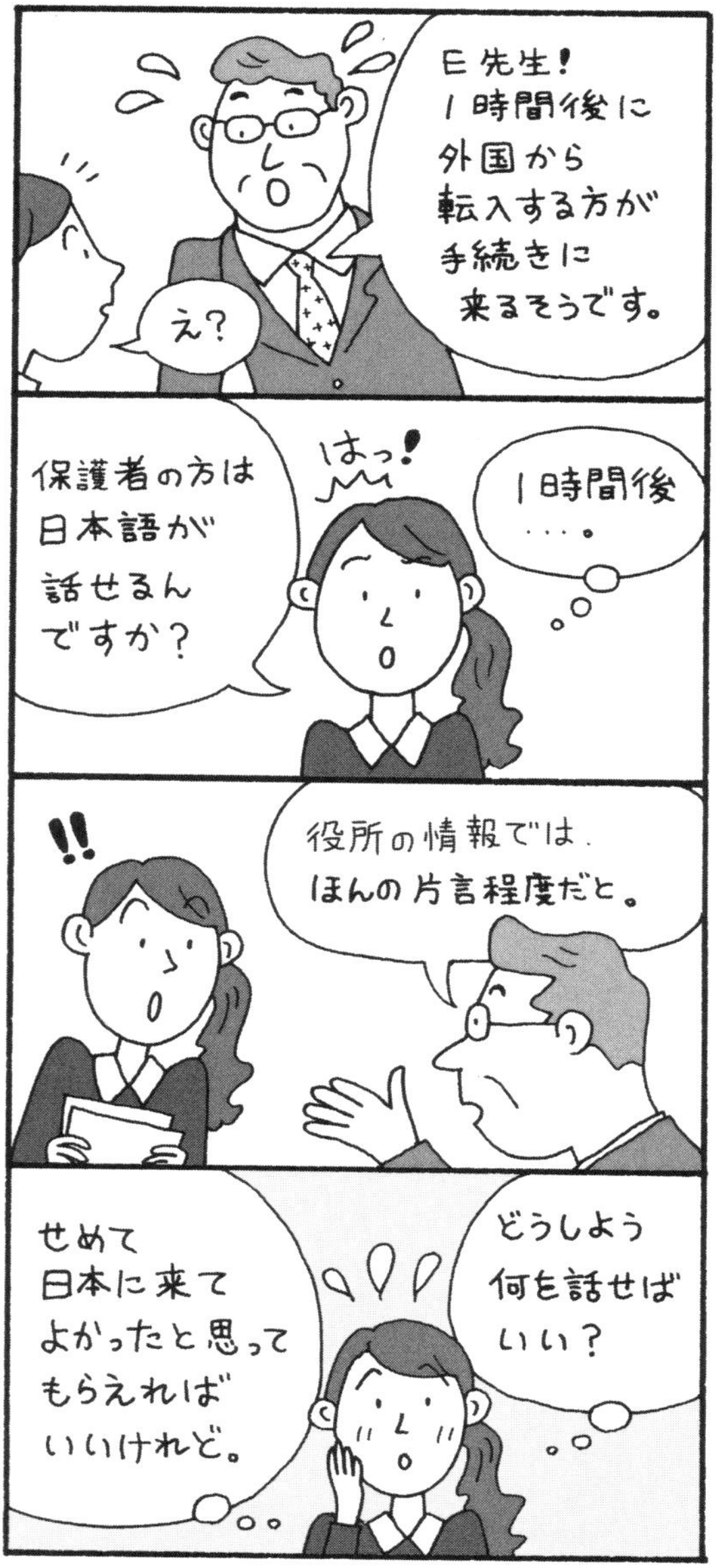

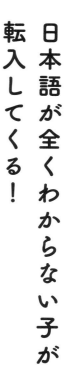

I

教室での困った事例別対応法

❶ 来日する時期に傾向はあるの？

世界の多くの国では9月入学が主流となっているため、来日する外国人児童の受け入れ時期は様々になります。地域差はありますが、海外から来日する時期は、大きく以下の二つのタイプがあります。

一つ目は、夏季休業中に来日し、夏休み明けから転入・編入学するケースです。母国の学校が9月入学の場合は、翌年の6月に終業・卒業をすることになるために、7月または8月に来日することが多いようです。しかし、この場合は、転入する学年をすでに母国で9月までに終業・卒業していることになり、教科によって進度の差が見られるという問題があります。

二つ目は、1月後半から2月半ばに迎える旧正月に合わせて来日するケースです。旧正月が国の休日となっているのは、中国・韓国・ベトナム・シンガポール・マレーシア・カンボジアなどのような東アジア・東南アジアが中心となります。旧正月に来日する場合は、卒業を目の前にして転入・編入学してくることがあるので、受け入れ時の日本語支援などを十分に行うことができない場合があります。

❷ 外国人児童の転入・編入手続きは何をする？

転入・編入学の手続きについては、一般的に、まず居住地の自治体への住民登録の際に発行される「外国人就学申請書」を受け取り、学校で受け入れの手続きを始めます。まず、保護者から学校長が申請書を受け取り、パスポートや在留カードで、「国籍」「正式な名前」「生年月日」「住所」を確認し、申請書に必要事項を記載します。特に、出入国記録は受験の際に重要な資料となる場合があるので、保護者の許可を得た上で、パスポート（出入国のスタンプが押されているページの全て）と在留カードをコピーします。そして、パスポートや在留カードの生年月日をもとに学年を決定して、申請書に記入します。時折、日本語ができないということを理由に、学年を下げたいと希望する方もいますが、将来のことを見据えて、保護者や子供とよく話し合うことが大切です。申請書への学校側の必要事項の記入が終わったら、申請書のコピーを一部取って学校で保管し、原本は返却し、保護者から自治体に提出してもらいます。

その後は、児童・家庭環境等の聞き取り、事務関係（学校納入金や給食費等の銀行口座開設、就学援助など）の手続き、保健関係（予防接種や既往歴、アレルギーの有無など）の手続き、そして担任からの連絡事項（学校生活と準備・持参するものなど）と話は続きます。横浜市の場合は、学校に代わって日本の学校生活で大切なことや保護者の役割、日本語の状況や帰国・来日前の学習状況等について、母語で説明をしてくれる「学校ガイダンス」を設定しています。そして、それらの結果を学校に提供することで、適切な支援につなげるとともに、学校の負担軽減を図っています。

また、全ての手続きには1時間程度必要なことや、返却した申請書を保護者が自治体に提出しないこともあるので、申請書を書いた時点で一度、受け入れ手続きを終了し、自治体に提出後に改めて学校に来てもらう方法もあります。その間に、通訳が必要な場合は依頼したり、諸手続きや説明に必要な書類を準備したりすることができると思います。特に、日本語が不慣れな保護者・児童の受け入れが頻繁にある学校は、諸手続きに必要な資料を多言語化し、事前にセットにしておくとよいと思います。

児童・家庭環境等の聞き取りは、各学校の家庭環境調査に沿って行います。外国人児童生徒の場合、家族の国籍や名前、名前の読み方（ふりがな）、通称名の場合は本名、生育歴や学習歴、家庭環境、本人と家族の日本語能力・母語や英語の能力、日本語が通じる緊急連絡先、今後の滞在予定などについて、特別な教育課程を編成する際の「個別の指導計画（様式1）」（→次ページ参照）に沿って、正確に聞き取ることが必要です。

手続きの書類

個別の指導計画【様式1】（横浜市版）

（学校内保管・中学校3年生まで申し送り）　　**様式1**

日本語指導に係る個別の指導計画（横浜版）

（児童生徒の基本情報）※黒枠内は転入学時に記入 or「学校ガイダンス連絡票」と一緒に綴じて保管し、下部の指導記録を毎年度末記入する

ふりがな				性別	男 ・ 女	
児童生徒氏名	本名（「入学通知書」及び「在留カード」の通り）			生年月日	年　月　日	
住所						
国籍	本人：	父：	母：	生まれた国		
来日年月日（再来日年月日）	年　月　日（　才の時）		在日年数	年　か月	母語	
学校受入日	年　月　日		日本の学校在籍期間	年　か月		
保護者の日本語状況	家庭内言語	母語だけ	日本語だけ	両方		
	学校からのお知らせ	読める	ひらがなで読める	読めない		
	面接などでの通訳	必要（　）語	不要			
	日本語を話せる家族	いない	いる（　）			
給食（小学校のみ）	食べる　食べない・一部食べない（　）（理由：アレルギー・宗教・その他）		病気		留意点	
これからの予定	日本に永住　◆中学校卒業後（進学・就職・その他）		帰国予定	約　年後		

緊急連絡先（日本語が通じる人）	氏名	児童生徒との関係	電話番号

個別の指導記録（毎年度末記入）

年度	学年（学校名）	年度末日本語レベル（JSL評価参照枠ステージ）	指導・支援形態・時間数	日本語指導者／担任	記入日
		<話す> <読む> <書く> <聴く>	取り出し指導：週（　）時間 入り込み指導：週（　）時間 プレクラス利用　月　日～　月　日 日本… 母語…		
		<話す> <読む> <書く> <聴く>	取り… 入り… 日本… 母語…		
		<話す> <読む> <書く> <聴く>	取り… 入り… 母語…		
		<話す> <読む> <書く> <聴く>	取り… 入り… その…		
		<話す> <読む> <書く> <聴く>	取り… 入り… その…		

入学までの手続き（横浜市）

入学《にゅうがく》 までの 手続《てつづ》き

E Entrance Procedure

中 在孩子入学前的手续

T Mga pamamaraan hanggang pasukan

☐ **①外国人《がいこくじん》 就学《しゅうがく》 申請書《しんせいしょ》 《青《あお》い 紙《かみ》》を、学校《がっこう》 の 校長《こうちょう》 先生《せんせい》に 渡《わた》します。**

E Submit the "APPLICATION FOR ADMISSION TO A MUNICIPAL SCHOOL" 《 blue sheet 》 to the principal

中 将《外国人就学申请書》（蓝色的表）交给学校的老师。

T Ipasa sa Punong Guro ng Paaralan ang (asul na papel) na aplikasyon para sa pagpasok sa paaralan.

☐ ②パスポート、在留《ざいりゅう》 カードを、 学校《がっこう》 の 先生《せんせい》 に 見《み》せます。

（先生が 子《こ》どもの 名前《なまえ》・生年月日《せいねんがっぴ》・住所《じゅうしょ》 を 確認《かくにん》 してコピーします。）

E Show your child's passport and residence card to the teacher.
(check your child's name, date of birth, and address and make a copy.)

中 请将孩子的护照和在留卡（在留カード）给老师看。

（老师需要确认孩子的名字・出生年月日・住址并复印）

T Ipakita sa Guro ang Pasaporte at residence card. (Upang matiyak ang pangalan ng bata, kaarawan at tirahan ito kukuhanan ng kopya.)

☐ ③電話番号《でんわばんごう》（日本語《にほんご》 が できる 人《ひと》 など）を、 学校《がっこう》 の 先生《せんせい》 に 教《おし》えます。

E Tell the teacher your phone number (the person who can speak Japanese, etc.)

中 请告诉老师联系电话（尽量是会日语的人的号码）。

T Ituro sa guro ang numero ng telepono.(tulad ng kung sino marunong mag salita ng hapon at iba pa)

☐ ④あなたの 子《こ》どもは、「　　」 **年生《ねんせい》** です。

E Your child is in grade [　　　　].

中 您的孩子将编入 「　　」 年级。

T Anong grado na ng anak mo, Grade______po.

☐ ⑤入学《にゅうがく》 するまでに、用意《ようい》 する 物《もの》を、 先生《せんせい》 に 聞《き》きます。
上《うえ》ばき、体操《たいそう》着《ぎ》、（制服《せいふく》）、などを 買《か》います。
（買《か》う 物《もの》が わからない 時《とき》は、 ガイダンスで 聞《き》きます。）

E Ask your teacher what things you need to prepare before school starts.
Buy indoor shoes(*uwabaki*), a P.E. (physical education)uniform(*taisougi*), school uniform(*seifuku*) ,etc. (Please check what you need to buy at the guidance session.)

中 问老师入学前要准备的物品。须购买校内用鞋、体操服、（校服）等物品。
（不明白的话在学校说明会上询问。）

T Itanong sa guro kung ano ang dapat ihanda hanggang sa pasukan.
Bibili ng sapatos panloob, pang P.E na damit (uniporme) at iba pa.
(Kapag hindi alam ang mga bibilhin magtanong sa Guidance.)

34

❸ 担任から最初に伝えておきたいこと

初めて登校する日に最低限必要な物品や持ち物、購入するものなどについては、実物や写真、絵などを用いて、確実に持参できるようにします。特に、文化の違いで初めて経験する日本独特の文化である上履きやトイレ、給食・掃除などや、欠席連絡のような生活面の話や成績や評価、進学などの学校制度の話なども、受け入れ段階で、きちんと説明しておきたいところです。高学年の場合は、中学校への進学と高校の受験制度などについても丁寧に説明して、日本での生活についての見通しがもてるように支援をすることも大切です。横浜市の場合は、「見てみよう！　横浜の学校」という8言語による学校紹介DVDを受け入れ当初に観ることによって、日本の学校生活をイメージ化することができます。

また、転入後も、保護者の方に子供の学習に関わっていただけるように、保護者が学校に来る授業参観や懇談会、個人面談、運動会のような行事の日程確認をします。宿泊学習、水泳学習、災害時の引き取り、災害時の登校の見合わせ、様々な提出物の提出などについても、わかりやすく伝えることが大切です。特に、プリントの下のほうにある「切り取り線」以下に、必要な事項を記入して提出するような場合は、保護者が日本語がわからず提出しない場合だけでなく、内容について理解しないで提出してしまうことがありがちなので、丁寧に説明することが大切です。

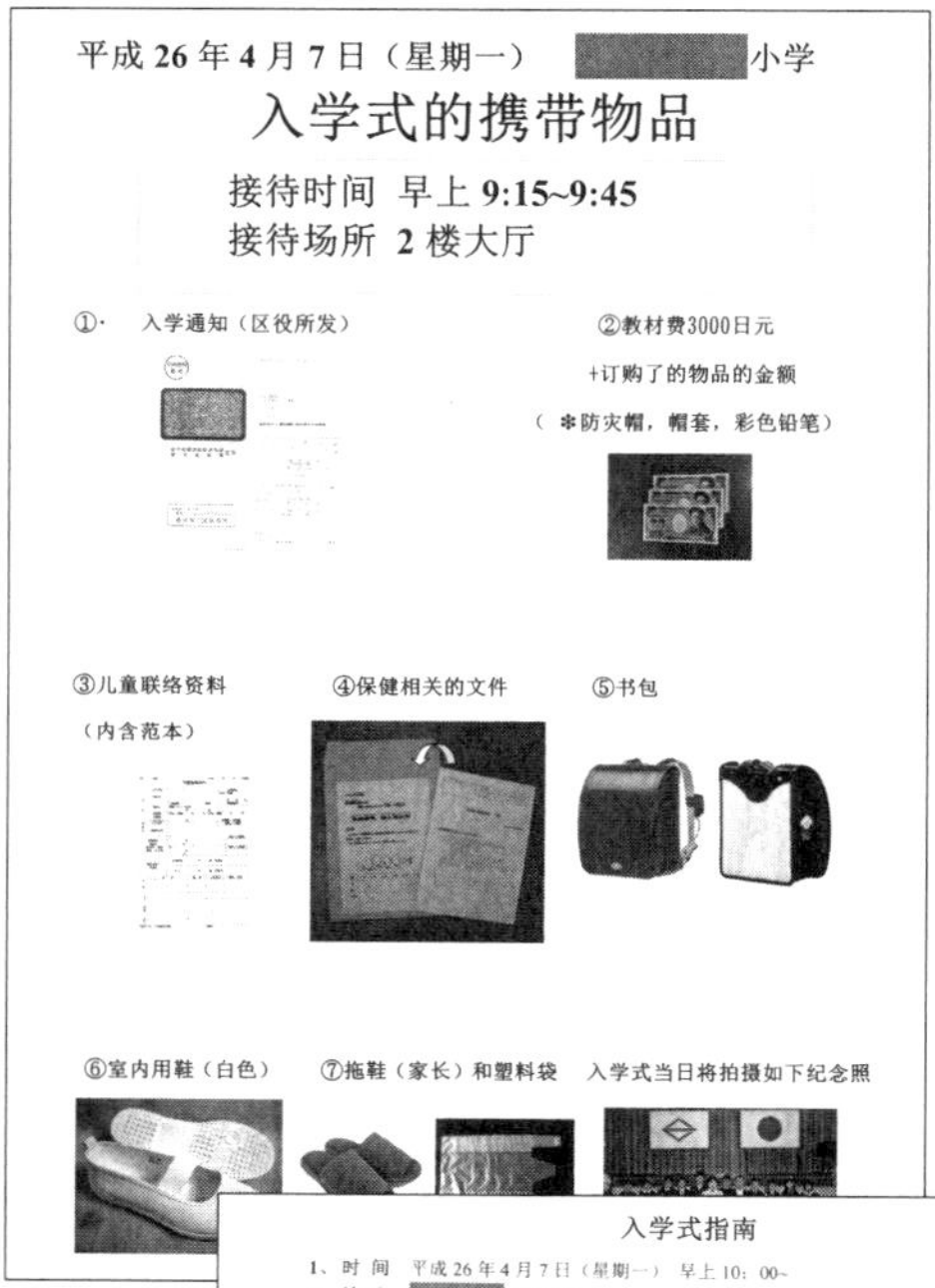
平成 26 年 4 月 7 日（星期一） [redacted]小学

入学式的携带物品

接待时间 早上 9:15~9:45
接待场所 2 楼大厅

①· 入学通知（区役所发）
②教材费3000日元
+订购了的物品的金额
（ *防灾帽，帽套，彩色铅笔）
③儿童联络资料
（内含范本）
④保健相关的文件
⑤书包
⑥室内用鞋（白色）
⑦拖鞋（家长）和塑料袋
入学式当日将拍摄如下纪念照

「入学式の案内（中国語版）」①
（横浜市立Ａ小学校）

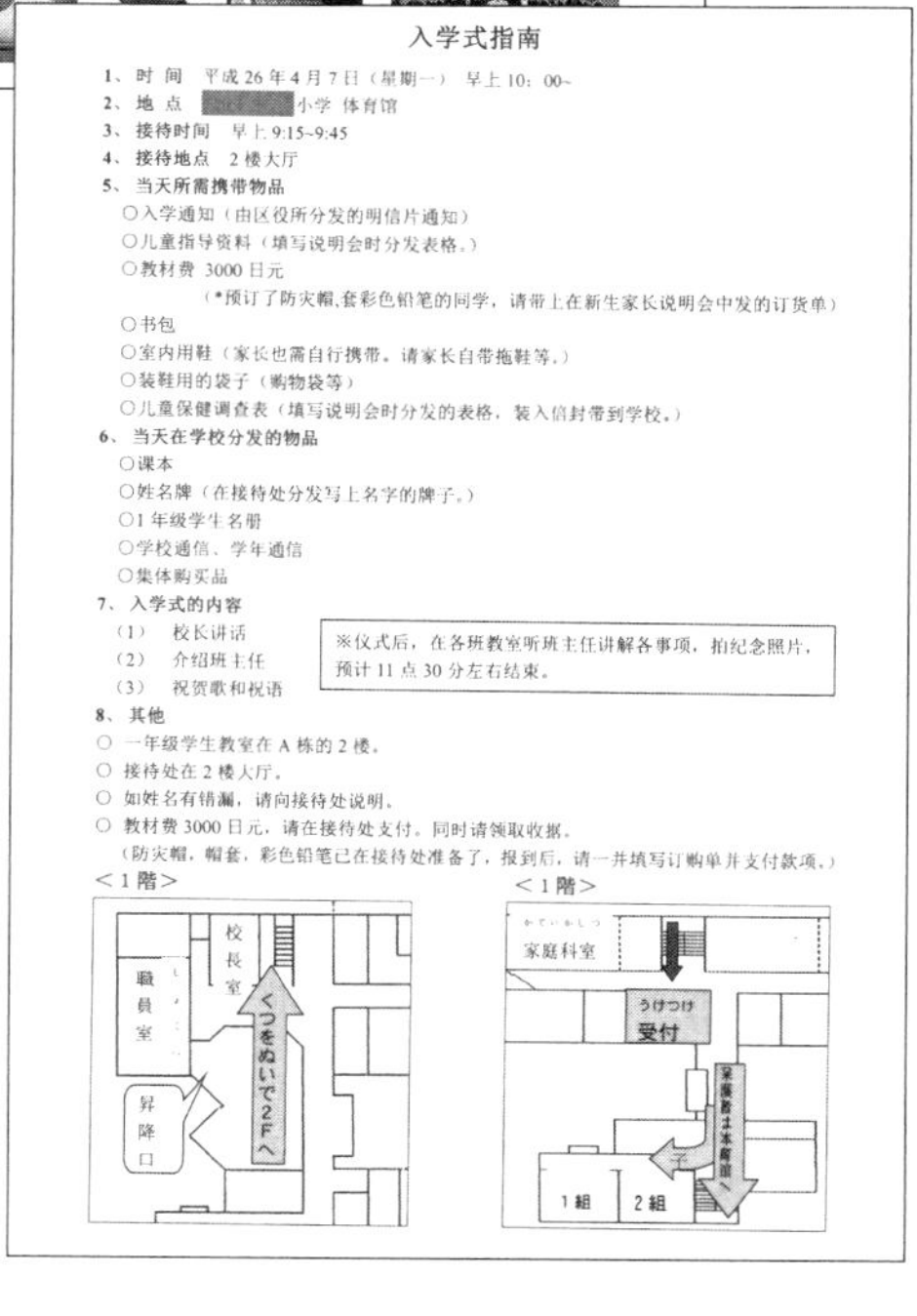
入学式指南

1、时 间 平成 26 年 4 月 7 日（星期一） 早上 10：00~
2、地 点 [redacted]小学 体育馆
3、接待时间 早上 9:15~9:45
4、接待地点 2 楼大厅
5、当天所需携带物品
○入学通知（由区役所分发的明信片通知）
○儿童指导资料（填写说明会时分发表格。）
○教材费 3000 日元
（*预订了防灾帽,套彩色铅笔的同学，请带上在新生家长说明会中发的订货单）
○书包
○室内用鞋（家长也需自行携带。请家长自带拖鞋等。）
○装鞋用的袋子（购物袋等）
○儿童保健调查表（填写说明会时分发的表格，装入信封带到学校。）
6、当天在学校分发的物品
○课本
○姓名牌（在接待处分发写上名字的牌子。）
○1 年级学生名册
○学校通信、学年通信
○集体购买品
7、入学式的内容
（1） 校长讲话
（2） 介绍班主任
（3） 祝贺歌和祝语
※仪式后，在各班教室听班主任讲解各事项，拍纪念照片，预计 11 点 30 分左右结束。
8、其他
○ 一年级学生教室在 A 栋的 2 楼。
○ 接待处在 2 楼大厅。
○ 如姓名有错漏，请向接待处说明。
○ 教材费 3000 日元，请在接待处支付。同时请领取收据。
（防灾帽，帽套，彩色铅笔已在接待处准备了，报到后，请一并填写订购单并支付款项。）
<1 階>
校長室
職員室
昇降口
くつをぬいで2Fへ
<1 階>
家庭科室《かていかしつ》
うけつけ
受付
1 組
2 組

「入学式の案内（中国語版）」②
（横浜市立Ａ小学校）

column

欠かすことができない外部支援者との連携

手紙や子供からの説明では、こちらの伝えたいことが、保護者にきちんと伝わらないことがあります。もちろん、通訳や翻訳は学校職員での対応が難しいので、所属の教育委員会や国際交流協会、留学生がいる大学や外国人ボランティア、卒業生やその保護者など、多方面での人材を活用して、保護者に正しく伝える工夫をする必要があります。しかし現実には、現在、通訳派遣に関しては、ボランティアレベルで行われていることが一般的で、たとえ日本語通訳ができる外国に関係のある方々が見つかったとしても、ボランティアレベルの収入では生活することができないために、定職に就いている場合が多いようです。

私も、保護者に確実に用件を伝えて子供たちを安心させるために、コミュニティで行われるお祭りやお正月のイベント、大使館の催しなどに参加し、無我夢中で少数言語の通訳を探した経験があります。今後は、来日する観光客や外国人労働者、留学生などの増加によって、通訳に代わるものとして、翻訳サイトやアプリ、機器の開発が進み、教育現場でもそれらの活用が進んでいくことが期待されます。

Case2

日本語がわからない子への教室での最初の指導

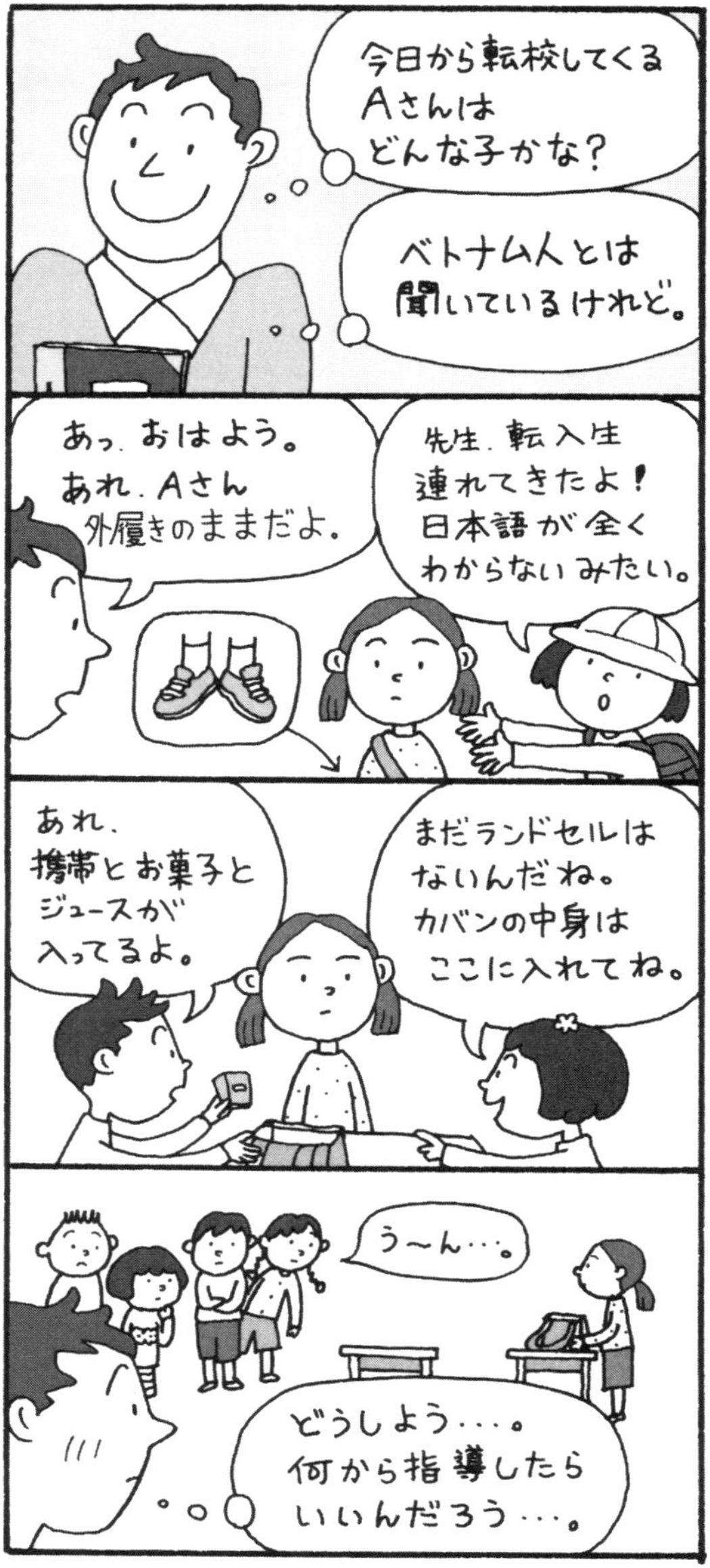

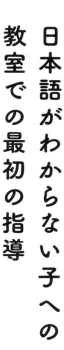

❶日本語がわからない子とのコミュニケーションの方法は？

突然の転入生……。来日したばかりで、日本語が全くわからない……。こんなことが、どの地域でも当たり前に起こる時代になってきました。来日したばかりの外国人児童にとっても、受け入れる子供たちにとっても、出会いの日の印象が、その後の生活に大きく影響します。せめて前日までには、母国での学習歴や母語の様子、日本語の理解度、好きなスポーツや勉強、苦手な食べ物などについて、通訳を通して確実に把握しておきたいところです。その子の母語を話す子供がいれば、当面の間は席を近くにして安心させてあげたり、日本語で伝える際には、相手の目を見てゆっくり大きく口を動かし、動作を加えながら「やさしい日本語」で伝えたりすることが大切です。学齢が小さいほど、手本を示しながらいっしょにやってあげることも大切です。

また、事前に情報があれば、外国人児童の国のあいさつや歌などを練習しておき、歓迎の会を開くのもよいと思います。それは、マイノリティ側からマジョリティ側へのアプローチではなく、受け入れるマジョリティ側からマイノリティ側へ歩み寄ることが大切だということなのです。

❷子供に何からどうやって伝えるの？

原則として、何かを伝える際には「やさしい日本語で伝える」でよいと思います。ただし、安全や健康に関わることについては、その子が理解できる言語で伝えるように配慮する必要があります。そして、当面は、国際教室（または日本語教室）で日本語の初期学習を行います。「あぶない！」「あたま、いたい」のような安全や健康に関わる言葉、「おはよう」「ありがとう」「さようなら」のような人間関係づくりに関わる言葉など、学校で安心して生活するための言葉を学びます。この際、外国人児童が、母語と見比べながら学習した日本語を活用できるような表を、教室やトイレ、保健室などに掲示しておくとよいでしょう。また、大切なことを確実に伝えたい時に、通訳者や通訳ができる子供がいない場合は、動作化だけでなく、絵に描いて伝える方法もあります。先生が自分の顔を描いて、顔と絵を交互に指差しながら、「これ、先生」、子供の顔を見ながら絵を描いて「これ、Aさん」で、十分に伝わります。あの手この手で何とか伝えようとしている気持ちは、必ず伝わるし、子供は喜んでくれることでしょう。また、後日、通訳者に母語で確実に伝えてもらうことも大切です。

❸ 学習用具のストックを！

外国人児童の家庭では、来日した直後には、毎日の生活に必要な物を買いそろえるだけでもかなりの出費となることでしょう。その上、初めて学校を訪れた際に、学校で使用するランドセルや絵の具セット、習字道具、家庭科の裁縫セットなどを買いそろえてほしいと聞かされ、「こんなはずではなかった」と思う保護者も少なくはありません。

また、学校で必要な物について実物を見せながら説明したとしても、それをどこで購入したらよいかわからず、結局、全て「百円均一ショップで……」ということもあります。このような場合は、「これは、ここで購入できますよ」と、地図でお店の場所を紹介したり、「これは、学校で購入できますよ」と、購入する物の予算を預かって、学校で一括購入したりする方法もあると思います。

また、全てを新たにそろえるというのではなく、PTAと協働して、使わなくなったランドセルや体操着、上履き、道具箱、手提げ袋などを年度末に寄付してもらってストックしておき、貸し出す工夫などもあります。

Case3

今日から外国人児童がクラスの一員に！

❶日本での名前は

外国人の方々が役所で住民登録をする際、母国での表記を日本読みにするために「読みがな」を付けます。しかし、ベトナムの名前で多い「TRANG」は、ベトナム読みでは「チャン」と読むそうですが、ローマ字読みをすると「トラン」となり、登録名は「トランさん」になってしまいます。また、中国の名前の「秦」は、中国読みにすると「qin（チン）」となるため、登録名は「チンさん」になってしまうことがあるそうです。

前者の場合、日本語に不慣れなTRANGさんに、「トランさん？」と問いかけても、初めて聞く呼び名に返事ができないことがあります。また、後者の場合、日本人にとっては違和感のある読み方になってしまうため、子供たちのからかいの対象になることがあります。

学校で受け入れの際に、役所などで登録した読み方を変更することはできませんが、子供が安心して学校生活を送ることができるように、学校での呼び方を、「チャンさん」「シンさん」のように変更してあげるなどの配慮が必要です。

❷ はじめは母語で、少しずつ日本語で

来日したばかりの子供は、先生や友達の話している日本語がわからずに、不安な毎日を送っています。この時期には、在籍学級の友達からその子の母語で話しかけてあげることが大切です。母語のあいさつや各種号令などの多言語版を、在籍学級の黒板や壁面に貼り、友達から積極的に話しかけられるよう支援するとよいでしょう。

来日する子供の多くは、自分の意思ではなく、保護者の事情で異文化間を移動しているため、母語を話せない不安でいっぱいになっています。そんな時、日本の友達から母語で話しかけられると、「受け入れられた」「認めてもらえた」という安心感を得られるだけでなく、両者の間の垣根が低くなって、言葉が通じなくてもコミュニケーションをとろうとする姿が見られるようになるのです。

その後、少し日本語がわかるようになってきた時期には、習得した日本語の語彙や表現を在籍学級に貼り、習得した日本語を使って話しかけることができる支援をするとよいでしょう。つまり、外国人児童の課題をクラス全員で共有し、具体的な体験を通してコミュニケーションの不安を解消していくことが望まれます。

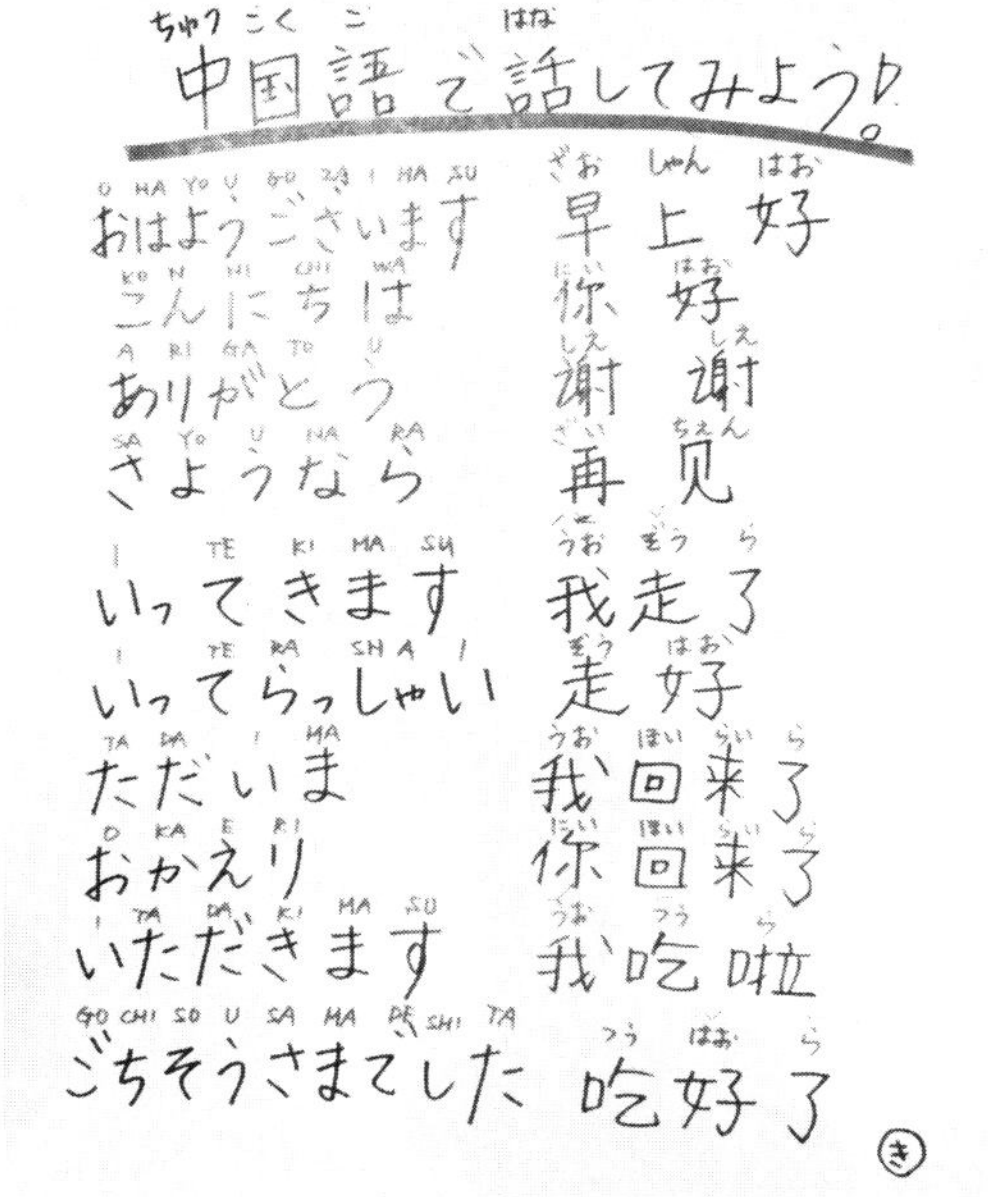

在籍学級の子供たちにわかる掲示（例）

在籍学級の子供たちとの会話を促す掲示（例）

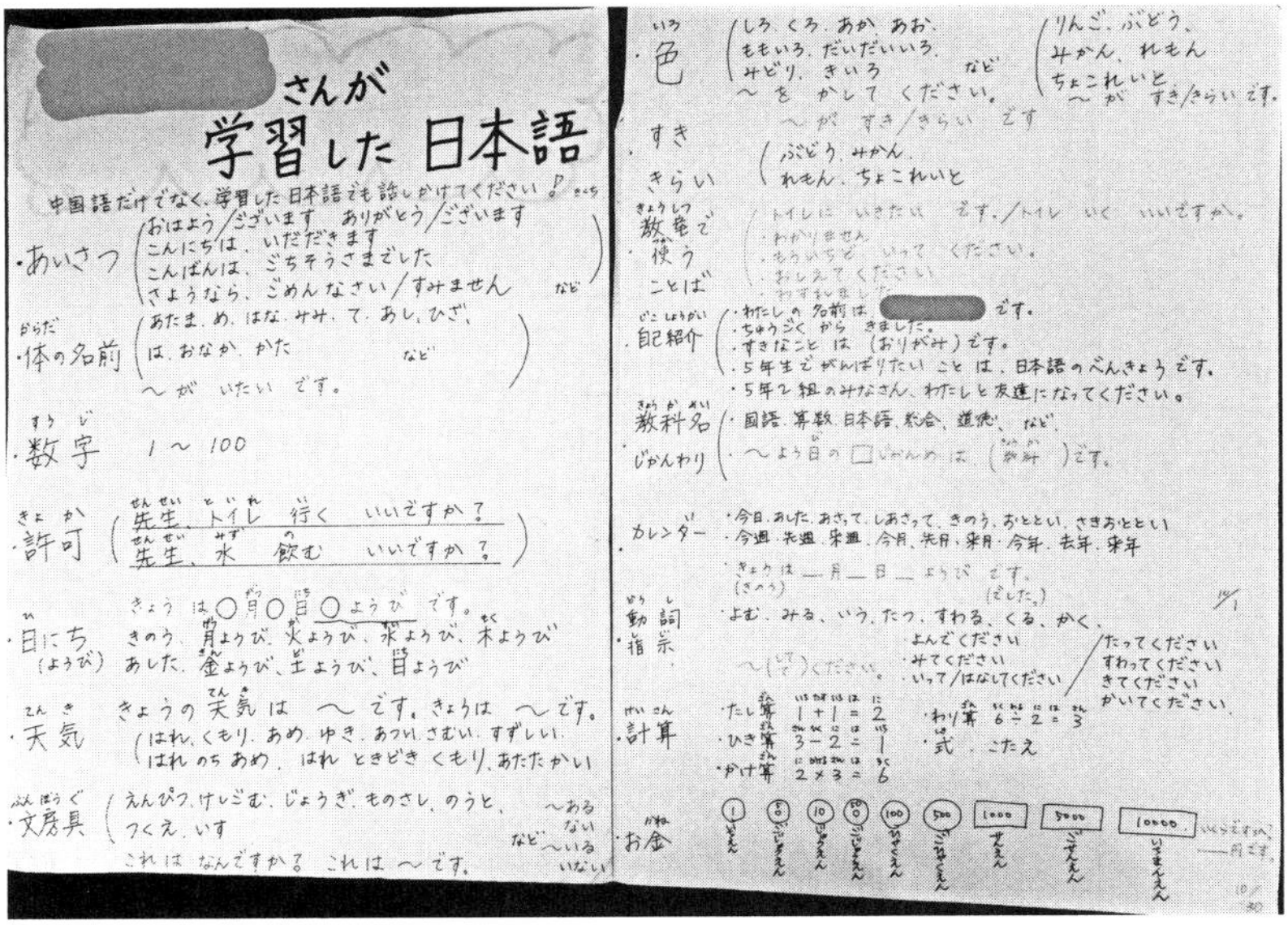

❸ 子供を通訳にしてもいいの？

日本語が話せない外国人児童が転入してきた場合、同じ母語を話す子供がいれば、同じ学級にしたり隣の席にしたりして、様々な支援をお願いすることがあります。転入してきたばかりの外国人児童にとっては、友達が先生やクラスの子供たちの話を通訳してくれたり、日本での生活のしかたや学校のルールのようなことを教えてくれたりすることによって、安心して生活することができるはずです。また、通訳する子供にとっても、自分のアイデンティティが人の助けになり頼りにされることで、自尊感情も高揚すると思います。

しかし、通訳をする際に、生活で使われる言語は母語にして話すことができても、学習で使われる言語は、通訳できないことがあります。また、母語が同じでも、来日した時期が早ければ早いほど、母語を忘れていたり、語彙が足りなかったり、発音が悪かったりするなどの課題も見られます。子供に通訳をお願いする際は、必要最低限のことに限定し、重要な連絡や学習の通訳は、専門の大人の通訳にお願いすることが大切です。

column

一方向から
双方向の支援へ

以前、ほとんど外国人児童が在籍していない小学校に勤務していました。その学校に日本語がわからない子供が転校してきた時、周りの日本人児童は、彼らなりに考えて、その子が安心して日本で生活できるようにと日本語を教え、学校のきまりや社会のルールなどを日本語で教えていました。まだ外国から来日する子供たちが少なかった時代、外国人児童の支援は、日本での生活面での適応が優先され、また日本語の知識や技能の習得を中心に行われていたのです。それも、その適応は、どちらかと言えば、外国から来た子供たちに日本語や日本文化、日本社会への適応を求めるという「一方向的な支援」でした。

しかし、昨今は、子供たちの滞在の長期化や日本で生まれた外国人児童たちの増加などを背景にして、受け入れる教職員や日本の子供たちにも多様な言語や文化との共生を求める「双方向的な支援」に変化してきています。そして、このような視点は、今後グローバル化する「多様な時代」に生きる日本人児童にとっても、大切な方向性なのです。

Case4

日本語指導①

日本語を初めて学習する子供の日本語学習は？（来日直後～半年程度）

❶初めて学習する日本語は？

外国から日本に来日する子供たちの日本語能力は、一人ひとり異なります。保護者の都合で初めて来日する子供たちの多くは、来日してから日本語に接することが多いので、初めて日本語を学ぶことになります。来日する学齢も大きく影響しますが、母国でどのような生育歴や学習歴があるのか、母語の能力はどの程度かなど、子供たちの発達段階に合わせて、日本語の学習内容と活動を設定することが大切になってきます。

来日後、半年程度の初期支援段階では、日本で安全・健康に過ごし、できるだけ早く学校生活に慣れ、友達とともに安心して毎日を過ごせるようになるための支援が必要です。そのため、最低限必要な日本語のコミュニケーション力を育むことをねらって、日本語の初期指導として「サバイバル日本語」（↓P.40）を学習します。当面は、国語などの教科に当てる時間に限定し、その時間に別室での日本語学習の時間を設定します。日本語を理解できなくても参加できる体育や音楽、図画工作や家庭科などの時間は、できるだけ参加させてあげるように調整することが望ましいと思います。

学校生活で大切な表現	＊はじめは言えなくてもよい。聞いたら理解できて行動できるように。 ＊聞いてわかって、言えるように。

1	あいさつ	おはようございます、ありがとうございます、ごめんなさい、いただきます、さようなら／（号令）気をつけ、れい、～始めます、～終わります
2	自己紹介	ぼく、わたし／学校の名前／国は〇〇です　など
3	教室・身の回りの物の名前	鉛筆、けしゴム、ランドセル、ノート、教科書、机、黒板、トイレ、水　など
4	教室での指示の理解 ①	立って、座って、来て、見て、聞いて、書いて、読んで、言って、話して、〇〇ページを開いて、出して、片付けて（ください）　など
5	教室での指示の理解 ②	行きましょう、書きましょう／（話を）聞こう
6	動作の指示	もう一度、ゆっくり、急いで、早く、大きく、小さく、きれいに、大きな声で、今、後で、これから、まだ、もう少し、いっしょに、一人で　など
7	友達とのコミュニケーション	〇〇くん、〇〇さん／忘れた、貸して、見せて、入れて、やめて／よい、ダメ　など
8	許可、理解、所有	〇〇（ても）いいですか／わかります（ません）／これは誰のですか／私のです
9	要求	～がほしい（ほしくない）です／（～が）いります／～に行きたいです　など
10	体の部位の名称、体調	頭、顔、お腹、目、鼻、口、歯、手足など／（どうしたの）～が痛い、かゆい／熱がある、気持ちが悪い、風邪をひきました　など
11	〇〇時間目、時間割	〇時間目は～です／国語、算数（数学）　など
12	〇時〇分、〇〇時間	〇時に起きます（起きました）、〇時に寝ます
13	〇曜日、〇月〇日、日にち、いつ、天気	～はいつですか／今日は〇曜日です／ついたち、ふつか…／晴れ、雨、曇り
14	昨日、明日、来週、先月、去年	明日の〇時間目は図工です／来週の月曜日／毎日、時々　など
15	学校の中の場所の名前	教室、体育館、保健室、職員室、図書館、プール、校庭、トイレ、ロッカー　など
16	こそあど（これ、この、ここ など）	これは〇〇です、あれは何ですか（何?）、〇〇はどれですか／そこは〇〇です／はい、〇〇です、いいえ、〇〇では（じゃ）ありません
17	人、授業、学習、給食、掃除	先生、友達、家族／ごはん、パン、おかず／ほうき、ぞうきん、当番
18	名詞＋の＋名詞	国語の教科書、社会のノート、算数のテスト／このかばんは誰のですか、私のです、そのメガネは〇〇さんのです
19	色（赤、黒、白、青、黄 など）	～は何色?
20	果物、野菜、動物など、物の名前	その子の国にあって、日本にない果物などを聞いたり、子供の興味がある物を教えたりする
21	あります、います	先生は職員室にいます、小屋の中にうさぎがいます／助詞「に」「が」
22	好き、嫌い／上手、下手／得意、苦手	歌が下手です、算数が好きです、ケーキが大好き
23	だれですか／人の名前、職業	家族を聞く（中学生は父、母等の言い方も）／医者、おまわりさん　など
24	位置	私のとなりは〇〇さんです／前から3番目、～の中（近く、内側、斜め、横 など）
25	方角	東、西、南、北／北東、南西、南北、東西　など
26	0～99、百、千、万	3たす5は8です、九九、分数、小数の言い方／cm、kg
27	助数詞	いくつ、何個、何枚、何人　など
28	買い物	（～は）1個いくらですか、～をください

サバイバル日本語での学習内容例（横浜市日本語教室の資料を一部抜粋）

❷ 国際教室（日本語教室）での日本語学習は？

地域や学校によって呼称は異なりますが、日本語を学ぶための教室を国際教室や日本語教室と呼びます。一般的に、日本語指導を要する児童生徒の在籍数によって、日本語指導担当として教員が加配されたり、巡回指導をしたりする自治体があります。

加配教員の人数は、各自治体によって条件が異なりますが、神奈川県を例にすると、日本語指導が必要な児童生徒5名に対して1名の加配、20名以上で2名の加配となっています。学習の形態は、先生とのマンツーマン、複数の子供と先生など、様々なケースが考えられます。

取り出し指導の時間数は、学校や各自治体によって様々ですが、受け入れ時に近い時期ほど、1日1時間は設定したいところです。特に日本語の初期学習段階では、日本語のレベルが同じくらいの子供たちで学習するほうが、適切な学習を行うことができると思います。初期の日本語学習段階を終了して、自分の思いを簡単な日本語で表現できるようになってきたら、学年が近い（知的関心の内容が近い）子供たち同士で学習することがよいと思います。

❸「日本語を教える」とは？

「日本語を教える」とは、一般的には日本語の会話や単語、語彙、表現、文法などを教えることと定義されるでしょう。ただし、それは教える場所や対象、目的などによって大きく変わるのではないでしょうか。例えば、外国にある日本語学校や第二外国語として日本語を学ぶ学校であれば、その定義でもかまわないかと思います。しかし、日本の学校で学ぶ外国人児童生徒たちや日本で生活することを前提として来日した語学留学生や技能実習生などに対して「日本語を教える」ということには、少し違う定義が必要だと思うのです。彼らにとっての日本語は「生活するための二番目の

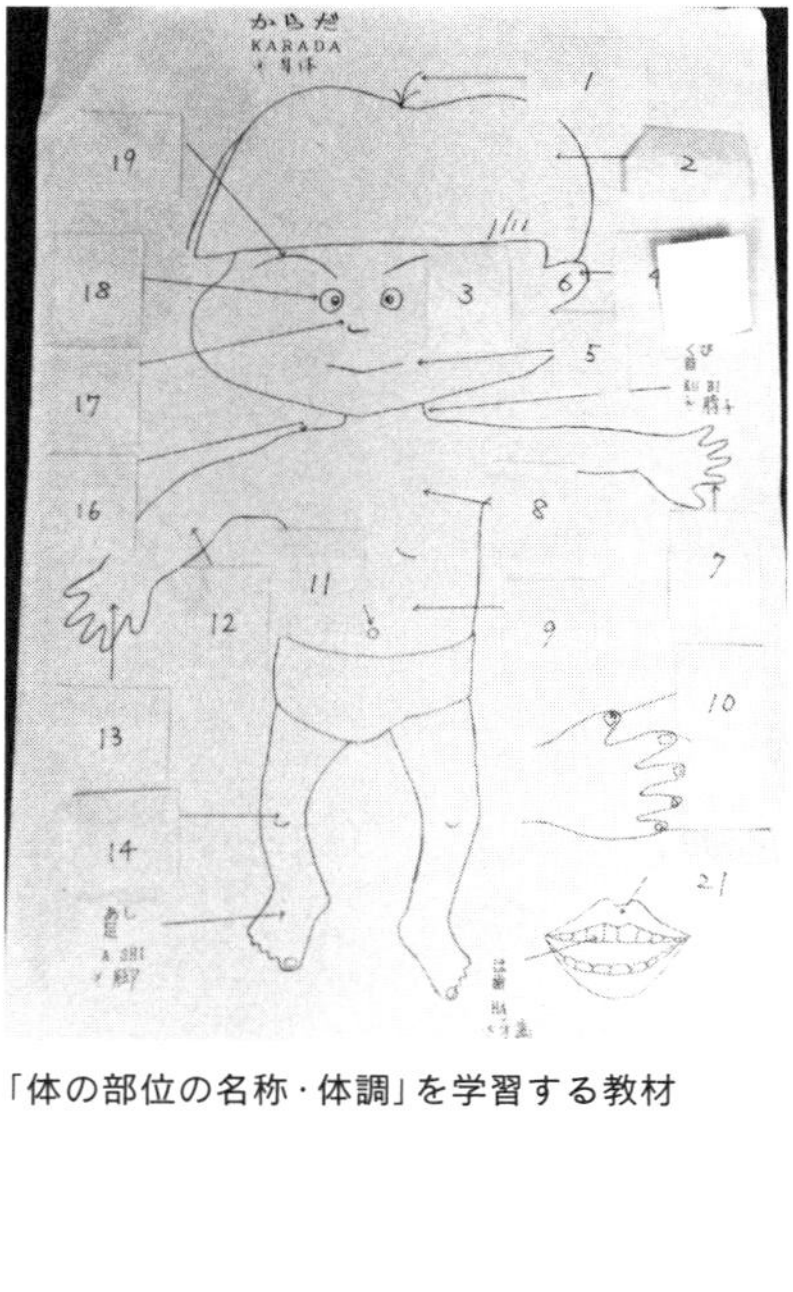

「体の部位の名称・体調」を学習する教材

言語である」と捉えることが重要だと思います。同じく、彼らにとっての日本語学習は、単に日本語の単語や文法を学ぶこととは異なると考えます。

　1980年代後半から1990年代くらいまでは、来日した子供たちには日本での生活面での適応が優先され、日本語の知識や技能を身につける支援・指導が中心でした。それも、その適応は、どちらかと言えば、外国人児童たちに、日本の文化や社会への適応を一方的に求めるというものでした。しかし、外国人児童たちの滞在の長期化などを背景に、受け入れる学校に求められるものは、教員や日本の子供たちにも多様な言語や文化との共生を求める「双方向的」な内容に変わってきました。さらに、子供たちの将来像を描いたりアイデンティティの形成を促したりする自己形成や、社会との関わりに関する課題と、学習・認知面の発達の課題が強く

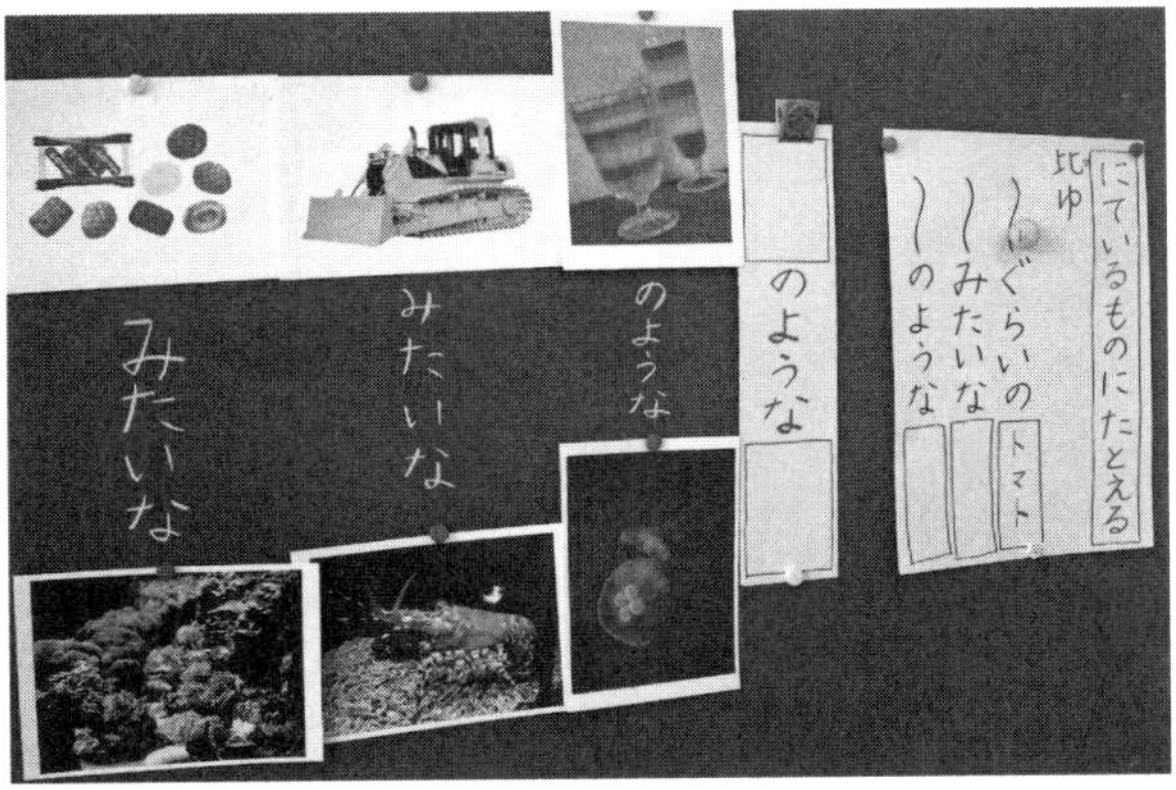

国際教室での学習（2年国語科「スイミー」）

意識されるように変化してきました。つまり、「全人教育としての日本語教育」を行うために、学習者の生活の全てを意識することが重要になってきたのです。

全人教育としての日本語教育を実践する際には、外国人児童一人ひとりについて、多様な背景や環境を踏まえ、日本語能力などに合った目標を設定して行うことが大切になってきます。学習内容や方法も、「子供たちがこれまでに出身国や地域で学んだことや経験したこととどう結びつくのか」「数年後、10年後、数十年後の子供たちにとって必要な学習なのか」「将来、子供たちの自己実現を支える力になるのか」などの視点に立って判断することが求められます。

同時に、日本語の学習で学んだことは「在籍している学級での学習や家庭生活、地域での生活における学びに関連しているか」「教室や学校以外の場で活用させるにはどうするか」、そして逆に「在籍学級や家庭、地域で学んだことを日本語で理解し表現させるにはどうするか」などの視点も大切になってきます。

このように全人教育としての日本語教育は、子供たちの成長や発達を重視して、一人ひとりのライフコースを意識して設計することが求められています。つまり、大げさな表現にはなりますが、日本語教育には、教室以外での子供たちの「生きる」を後押しする教育であることが期待されているのです。

❹発達段階に合わせた学習内容と活動の工夫を

来日した外国人児童たちは、学級での歌や遊び、家庭でのテレビなど、毎日たくさんの日本語をシャワーのように浴びて、あっという間に日本語をまるごと覚えてしまいます。言葉の意味はわからないものの、テレビコマーシャルで耳に残ったフレーズや歌詞を、例えば「トントントントン、ヒノノニトン」のように覚えて、口ずさんでいる姿を見かけることがあります。

そのため、特に低学年の子供たちの場合は、このように、遊びやゲームなどの活動を通して、日本語をそのまままるごと覚えてしまうような学習内容が望ましいでしょう。一方、中学年以降になると、知的な興味関心や母国での既習の知識と関連づけながら、日本語を習得したり、日本語で表現したりすることができるようになります。学習の展開も、言葉や文法だけを取り出してスキル的に学習するのではなく、子供たちにとって楽しく取り組める体験や活動の中で、意図的に日本語を見せたり聞かせたりしながら、少しずつ話したり書いたりして表現できるような展開を工夫して行うことが望ましいと思います。

Case5

日本語指導②

来日後少し経った子供の日本語学習は？（来日約半年〜1年程度）

❶日本語の初期指導「サバイバル日本語」後の日本語学習は？

来日後、約半年から1年程度になると、先生や友達の話を聞いて行動したり、知っている日本語を使って話したりすることができるようになってきます。この頃からは、日本語の文字や文型など、基礎的な知識や技能を学ぶ日本語の基礎学習を始めます。今まで教室や学校生活、放課後の遊びなどで聞いている日本語について、整理し、規則を学び、自分でも使えるように学習します。他にも日本語の発音、文字・表記、語彙、文型・文法なども学習します。どれもサバイバル日本語（↓p.40）から一足飛びで行うのではなく、サバイバル日本語の学習内容に関連づけて行うことが大切です。

また、多くの外国人児童は、来日1年程度になると、おしゃべり程度の会話力が身についてきます。一般的に、この時期の子供たちは、「聞く・話す」力に対して、「読む・書く」力が弱いと言われています。今まで口頭で話していたことを、書いて表現する際には、話し言葉から書き言葉へ変換させる必要があるかと思います。そのような場合は、口頭での話し言葉を、できるだけ簡単で丁寧な表現に言い直すことによって、そのまま書き言葉として活用することができるようになると思います。

日本語指導プログラム（文部科学省「外国人児童生徒 受入れの手引」より）

❶ サバイバル日本語プログラム

来日直後の児童生徒は、言語はもちろん文化・習慣の違いから生活のあらゆる場面で、困難に直面します。日本の学校生活や社会生活について必要な知識、そこで日本語を使って行動する力を付けることが目的のプログラムです。挨拶の言葉や具体的な場面で使う日本語表現を学習することが主な活動になります。

❷「日本語基礎」プログラム

文字や文型など、日本語の基礎的な知識や技能を学ぶためのプログラムです。日々の生活で浴びせられている日本語について、整理し、規則を学び、自分でも使えるようにするための学習をします。日本語の知識・技能の獲得を目的の中心としつつ、学校への適応や教科学習に参加するための基礎的な力として日本語の力を位置付けて計画しましょう。基本的に、(A) 発音の指導、(B) 文字・表記の指導、(C) 語彙の指導、(D) 文型の指導の4つがあります。

❸「技能別日本語」プログラム

「聞く」「話す」「読む」「書く」の言葉の4つの技能のうち、どれか一つに焦点を絞った学習です。小学校高学年以上、特に中学生には、有効なプログラムだと言えます。また、読解・作文の学習で、目的に応じて読み書きの力を計画的に高めることは教科学習にとっても有益だと考えられます。

❹「日本語と教科の統合学習」プログラム

学校では、外国人児童生徒等は学習参加のための日本語の力が十分に高まる前から、在籍学級においては教科の授業を受けることになります。そこで、日本語を学ぶことと教科内容を学ぶことを、一つのカリキュラムとして構成するというアイディアが出てきました。それが、「日本語と教科の統合学習」です。児童生徒にとって必要な教科等の内容と日本語の表現とを組み合わせて授業で学ばせます。文部科学省はそのためのカリキュラムとして、「JSLカリキュラム」を開発しています。

❺「教科の補習」プログラム

在籍学級で学習している教科内容を取り出し指導で復習的に学習したり、入り込み指導として、担当教師や日本語指導の支援者の補助を受けたりしながら取り組む学習です。児童生徒の母語がしっかりしていて、支援者や教師が児童生徒の母語ができる場合は、母語で補助しながら進めることが有効です。

❷ 教科と日本語の統合学習

日本語の初期支援段階を終了した子供たちは、習得した語彙や表現を使って、友達や教師と不自由なくコミュニケーションをとることができるようになってきます。また、聞いたり読んだりして獲得した情報を整理して、簡単な文に書いて表現することにも慣れてきます。しかし、生活をするための最低限の日本語が身についたとしても、学習をするための日本語能力は十分ではなく、一足飛びに自分の日本語力だけで在籍学級の学習に参加することは難しい状況にあります。

このような場合は、日本語能力が同じレベルの複数の子供たちを少人数で取り出し、教科学習のねらいの達成と日本語能力の向上を目指した統合学習を行う方法があります。在籍学級に比べると、より「言葉（日本語の語彙や表現）」に着目し、一人ひとりの「言葉の力（日本語能力）」に合わせた支援を心がけることが大切です。教材については、はじめから漢字にひらがなルビがついていたり、難しい言葉や語彙の意味を注釈したり、難しい表現を簡単な表現に書き換えたりした「リライト教材」（→P.58〜59）を使用することが望まれます。

❸ おしゃべりができたら、日本語学習は終了？

来日当初は日本語が全くわからなかった子供でも、2〜3年も過ぎれば、日常のおしゃべりでは日本人と何ら変わらない日本語を話すことができるようになります。しかし、家庭内で使用する言語が日本語のみという家庭は少なく、学校での日本語のおしゃべりはできるようになっても、家庭では多様な言語文化環境下で生活している子供がほとんどなのです。そのような子供たちは、日本人の子供と比べると、会話の文脈を理解して、前後関係を明らかにして話すことや、相手からの要求に合わせて情報を操作しながら話す力に遅れが見られます。

また、主述関係のねじれた文や重複を含む文などが多く見られ、事柄の関係性を文として構成する力が追いついていなかったり、中高学年になっても作文の中で話し言葉を使用したりします。したがって、おしゃべりができることは、日本語学習を終える指標にはなりません。携帯でメールをする、小論文や履歴書を書く、面接をする、接客をするなど、今後の子供たちの成長に合わせた場面を想起した支援を系統的に行っていく必要があるのです。

column

「生活言語」と「学習言語」

「生活言語」とは、ある事柄について、その場の多くの情報を活用しながら行う口頭での伝達技術、つまり「おしゃべり」です。また、「学習言語」とは、言語だけで分析したり、関連性を考えたり、比較したり、断定したりする言語の力です。

生活言語の力があれば、友達や大人との会話はできますが、言葉を通して思考しながら学習することは困難です。生活言語を使って体験や活動を通して理解したことを、学習するための言語である学習言語に置き換えながら学習することが大切です。

また、生活言語が中心の子供が作文を書くと、生活言語のまま書いてしまうことがあります。これは、おしゃべり程度の言葉を、丁寧な日本語つまり書き言葉に変換することが難しいためです。このような場合は、言葉のやりとりの段階で、書き言葉につながるよう丁寧な言葉でのやりとりを行うことによって、学習で活用する書き言葉に触れ、書くことができるようになっていくのです。

Case6

日本語指導③

日本語が少しわかるようになると……

（来日約半年～1年程度）

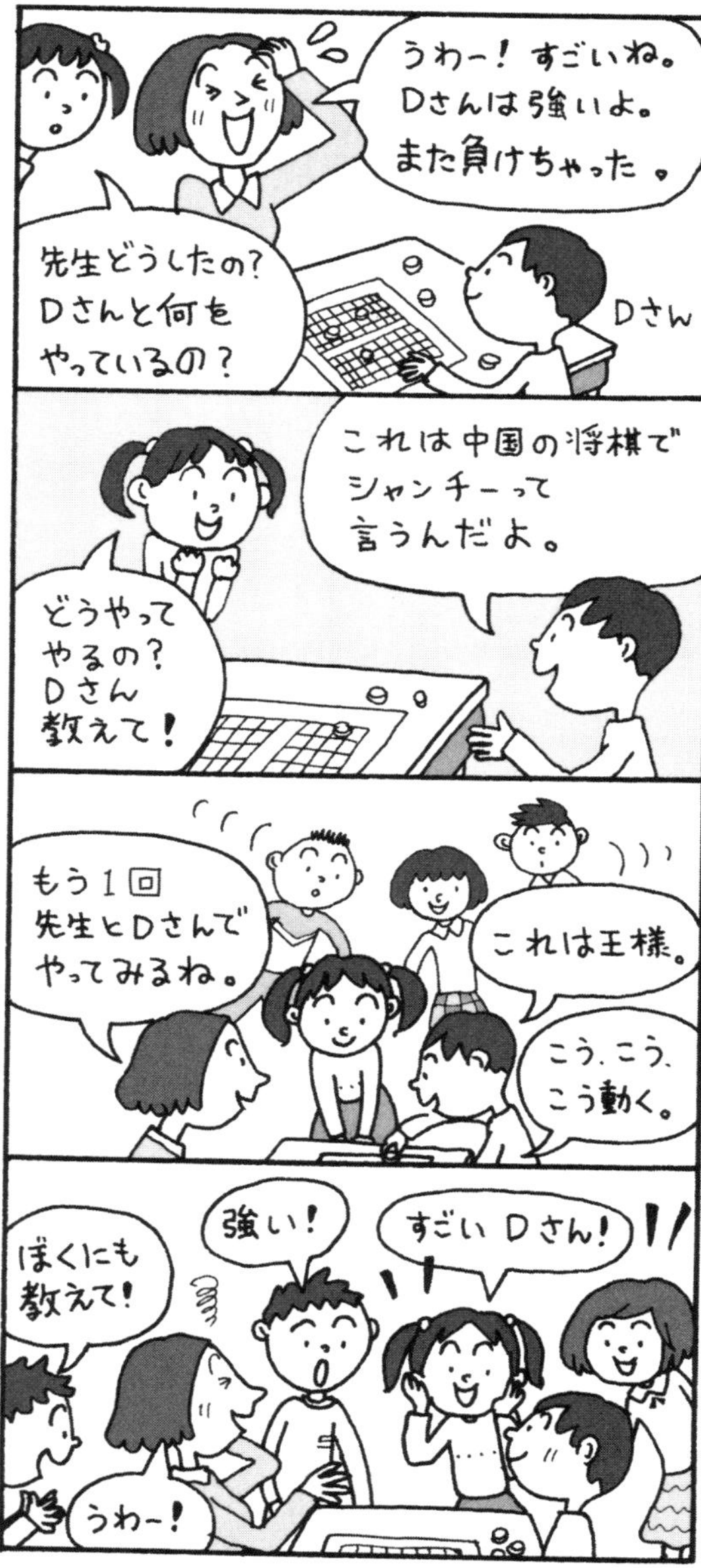

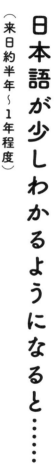

❶ 通訳支援や取り出し学習を嫌がる!?

来日後、半年を過ぎる頃になると、先生や友達の話していることがわかるようになってきます。仲のよい友達もでき、休み時間や放課後に遊んでいる姿を見かけることもあります。それまでは、別室で日本語学習や教科補習をしたり、教室での学習の際に通訳や補助の先生が寄り添ったりして、言葉と学びの支援をしてきました。人が話していることがわからないので、日本語の学習をしたり母語で通訳してもらったりすることで、学習が成立できていました。しかし、おしゃべり程度の会話ができるようになると、自分だけが教室から離れて学習したり、ぴったりと隣で支援されたりする特別な支援に恥ずかしさや後ろめたさを感じることがあるようで、嫌がる傾向が見られることがあります。そのような傾向が見られたら、周りの日本人の子供たちを含めて、一人ひとりの課題に寄り添った支援のすばらしさや周りの励ましの声の大切さについて話してみるとよいでしょう。例えば、日本語学習での成果を学級で発表する機会を設けて賞賛したり、通訳の方からその子の国の情報をクラスの子供たちに向けて教えてもらい、国際理解を深めたりすることもよい方法です。

❷日本語を話せるようになったのに、教室では話さない子

外国人児童の中には日本語が話せるようになったけれど、人前ではめったに話すことがなく、周りの友達とも遊ばない子供がいます。このような場合、日本語の文法や発音がおかしくて笑われたり、遊び方がわからなかったりすることも原因として考えられます。そんな時は、その子が得意な、その子の国の遊びを行うことで、みんなと遊ぶきっかけにすることができます。

例えば、中国出身の外国人児童との学習の中では、日本語学習のトピックとして、中国将棋「象棋（シャンチー）」を取り入れました。学習の時間だけでは勝負がつかなかったので、休み時間も中国将棋の続きをすることがありました。すると、特に雨天で外遊びができない日などは、周りの日本人の子供たちも外国人児童が何をしているのか気になってきます。そこで、少しずつ日本の子供たちを引き込んでいくと、その子が「師匠・名人」となってみんなに教えるようになっていきます。やがて、日本語教室での遊びが通常学級での遊びや学級レクにまで取り上げられるようになり、お互いに認め合える関係性ができ上がっていくのです。

❸クラスを離れた日本語学習が退屈になってきた？

日本語学習の対象の子供が、一人で教室を離れて、担当の先生とマンツーマンで学習していると、次第に退屈になり、学習がうまく進まなくなることがあります。

そんな時は、複数の子供で学んだり、ゲームや遊びを活動に取り入れたりすることで、うまくいくことがあります。どんな子供でも新しい知識を獲得したいという気持ちはありますが、一方で友達ともっと遊びたいという気持ちももっています。週に何回かの学習を日本語能力のレベルが違う複数名の子供たちで行うことによって、ゲームや遊びを成立させるために日本語能力レベルの低い子供は高い子供から言葉を学び、日本語能力レベルの高い子供は低い子供に言葉を教え、マンツーマンの学習だけでは達成できない言葉の獲得が期待できるのです。

すごろく作りも、効果的な活動の一つです。マンツーマンの学習の最後に、翌週、みんなで行うすごろくを作ったことがありますが、「○つ、すすむ」「○つ、もどる」「○回、やすみ」「○○をする」など、具体的な動きや場面を言葉に結びつける学習となり、確実に言葉を定着させることができました。

Case7

日本語指導④

日本語学習を始めて約1年過ぎる頃になると……（来日約1年以降）

❶ 家族と会話ができない

外国人児童たちの家庭内言語については、一般的に保育園や幼稚園、小学校に入園・入学するまでは、保護者が話す母語で会話をしています。しかし、入園や入学をきっかけに、先生や友達が話す日本語をシャワーのように浴びるにつれ、次第に日本語の会話力が高まっていく反面、母語力が低下していきます。

一方、就労している保護者の多くは、時間をかけて日本語を学ぶことができないこともあってか、来日して数年経っても、日本語の理解力は必ずしも十分ではありません。保護者が次第に子供の話す日本語が理解できなくなり、親と子が細やかなニュアンスや感情などを言葉で伝え合うことができなくなっている家庭もあります。

現在の学校教育活動の中では、子供たちへの母語教育や保護者への日本語教育の実施は困難です。外国人児童生徒が全国でも多く在籍している横浜市においては、子供たちと保護者などの円滑なコミュニケーションによる相互理解を図るために、子供たちが保持している母語を活用した学習支援や放課後などに行う母語学習を推進しており、先進的に取り組んでいる学校もあります。

❷日本語がなかなか話せるようにならない……通常学級か特別支援学級か？

母語も日本語もなかなか理解できない外国人児童に対して、学習障害などの発達障害、または言語発達上の問題がある可能性を考えて、特別支援が必要なのではないかと判断されることが全国的に多いそうです。多くの自治体では、教育相談の際に判定していますが、たとえ通訳を付けて行ったとしても、もともと日本人の子供たちに対しての判定基準なので、判断が難しいそうです。また、特別支援教育が認知されていない国・地域もあり、保護者の理解が得られない場合もあるので、通訳を付けて丁寧な対応をすることが必要です。

一般的に言葉の発達に課題をもつ子供が多いので、国語と算数だけを通級で学習したり、高学年から転籍をしたり、低学年のうちは特別支援学級で学習して高学年から通常学級へ転籍したり、中学校に進学する際に転籍したりと、様々なケースが考えられます。必要があれば、特別支援学級で学ぶ子供たちの進学や就労についても丁寧に説明し、特別支援学級を見学してもらうなどして、納得と理解をしてもらうことが大切です。

❸ テストができない

日本語を読んである程度文意を理解し、自分の思いや考えを正しい日本語を用いて表現できるようになるまでには、個人差はありますが約1年程度かかります。また、日常会話程度の日本語がわかるようになっても、初めてテストを経験する子供にとっては、問題の形式や解答の方法に慣れていないことでテストができないことがあります。問題には、「一つ選んで、○をつけましょう」「正しいものには○、間違っているものには×をつけましょう」「番号で答えましょう」などの他にも、いわゆる「ひっかけ問題」と言われるような問題が数多くあります。日本語の学習でも、このような問題や解答の方法を取り上げて、経験しておくことが大切です。

また、学習内容は理解できていても、日本語の問題文が読めないということもあるでしょう。そんな時には、テストの問題にひらがなルビをつけたり、簡単な日本語で書き換えたりする工夫もあります。このように、日本語を評価するのではなく、学習に関する知識の定着を確認するための配慮をすることによって、子供がそれまで以上に意欲的に学習に取り組むようになることが期待できると思います。

❹ 出身国や母語に誇りをもてない

周りの友達や大人が話す日本語がわかるようになると、次第に自分が外国人として見られることが気になり、「日本人として見られたい」と思うようになるようです。その結果、日本人の友達の話す言葉や服装などに同一化（同化）しようとする傾向が見られます。また、友達から何気なく言われた「○○語、話してみて」や「○○人」のような一言も気になり、人前で母語を話さなくなったり、保護者の話す母語を嫌がったりすることもあります。特に私たちが無意識に言ってしまう「○○人」には、単にその子の国籍や民族を表しているだけでなく、民族的少数者や発展途上国に対しての差別的ニュアンスを感じてしまうことがあるようです。

少数派の母語や母文化は、ただでさえ何の配慮もなく、放っておけば消失する可能性が高いと言われています。まずは、少数派の言語や文化には価値があることを当該児童だけでなく周りの子供たちも実感することができるように、学級での学習や学校での諸行事などの社会的な場面の中で、意図的に経験できる場を設定することが大切なのです。

column

「社会のお荷物」から「国の資源」へ

移民大国アメリカの言語教育は、どの時代も共通してマジョリティグループのための外国語教育であり、移民者の言語である継承語の教育には、財政援助も言語政策も打ち出されませんでした。さらに、マイノリティである継承語話者は、学業不振や退学率の高さなどで常に問題視され、長年「社会のお荷物」という見方がされてきました。

しかし、1980年代以降、特に2001年9月の同時多発テロ以降からは、継承語学習者は、外国語学習者と比べて比較的少ない学習時間で、専門分野で必要とされる高度な言語力を習得することが可能だと言われるようになりました。そして、政治や経済がグローバル化している現在、アメリカにおいて継承語話者に対する関心がより高まり、継承語が話せる高校生や大学生が注目を浴びて、その即戦力が「国の資源」として見られるようになったのです。日本においても今後は継承語教育にもっと力を入れていく必要があると考えています。

Case8

教科指導①

「国語科」の学習はどうするの？

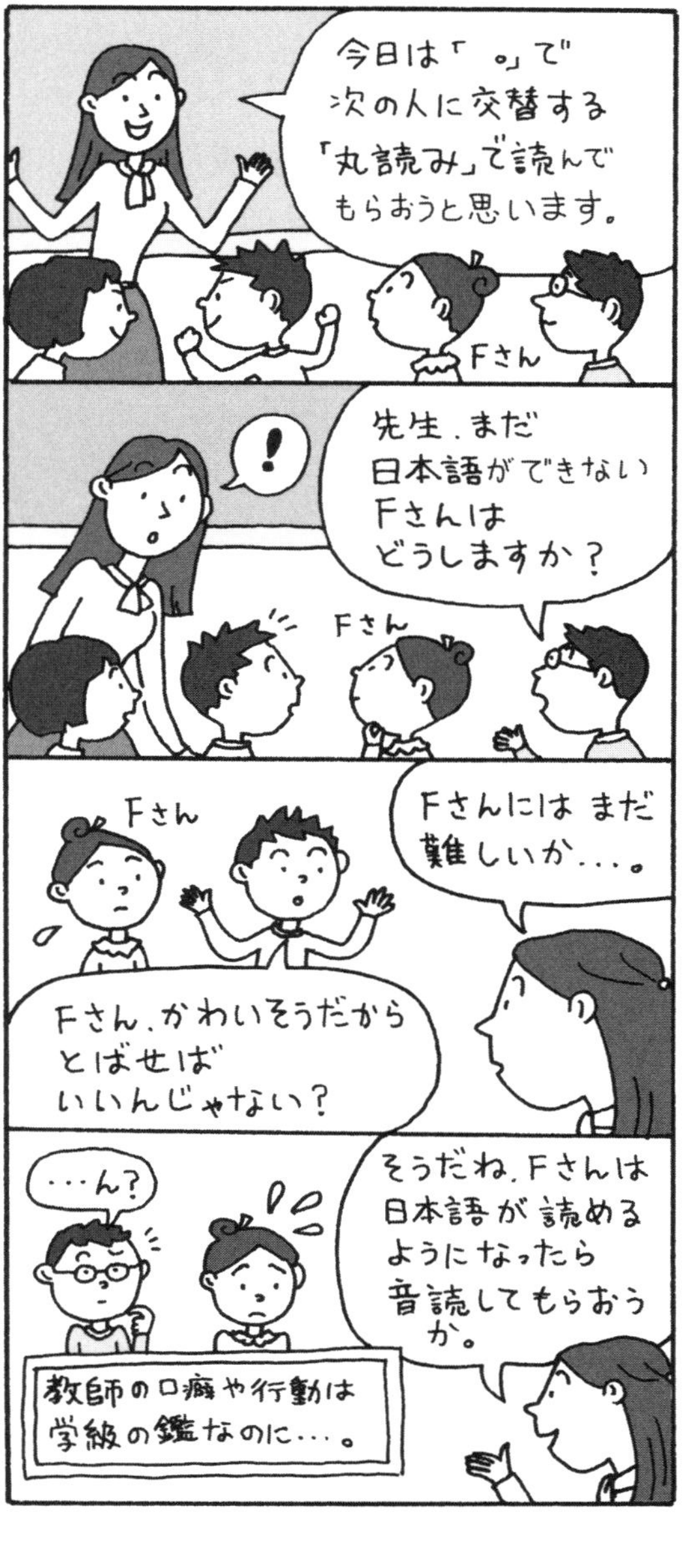

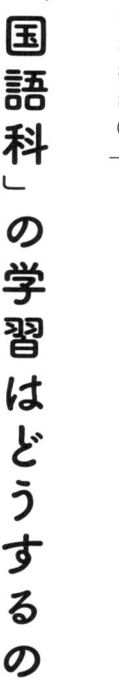

❶ 音読はどうするの？

国語の学習では、着席順に音読をする「丸読み（句点「。」で交替する読み方）」をすることがあります。そんな時、日本語に課題のある子供には、どんな配慮をしていますか？「○○さんは、まだ読むことができないから、今は飛ばしましょうね」といった配慮や、「この文は○○さんでは難しいから、順番を入れ替えて、ひらがなだけのこの文を読んでもらいましょう」のような配慮が考えられます。

教師の口癖や行動などは、学級の子供たちの鑑であり模範となることがあります。先の例では、前者のような配慮の場合、子供たちは「この活動は○○さんには無理だから、聞いてもらうだけにしよう」と考え、後者の場合は「○○さんでもできることはないかな」という視点で考えるようになります。同じように宿題の音読なども、「先生、○○さんにはこの文章は難しいから、もう少しやさしい文章のほうがいいのではないですか」と周りの子供から提案が出るようになってきます。このように、「日本語が苦手である」ということを、日本人でもみんなもっている一人ひとりの苦手の一つとして捉え、周りの子供たちで補い合える集団づくりをしていきたいものです。

❷ 漢字の学習はいつから行うの？

日本語の初期学習は、日常的な体験を通して日本語でコミュニケーションをとることができる「聞く・話す」を中心に行いながら、文字（ひらがな）を並行して学ぶことが一般的です。しかし、在籍学級での学習では、漢字が使われ、学習をする機会もあります。つまり、受け入れた学年以前の漢字については、学習する機会がないのです。そればかりか、来日後約1年間は、ひらがなやカタカナでの学習が中心になるので、実際に漢字の学習を始めるのは、来日後2年目頃からになってしまうこともあります。併せて、漢字だけを取り出して学習することも、定着の近道にはならないことがあります。

そこで最初に、日本にはひらがなとカタカナ・漢字の三つの文字があることを押さえ、教材の文脈の中でセットで教えてしまう方法があります。例えば、文脈の中で「白」を学んだ後で、色を表す漢字をトピックとして学習し、表にまとめて掲示するなどの工夫もできます。はじめのうちは、字の形や書き順などにはあまりこだわりすぎずに、書けたこと、習得したことを認めてあげることが大切です。

漢字の学習教材
『外国人の子どものための日本語
絵でわかる　かんたんかんじ』
（スリーエーネットワーク）

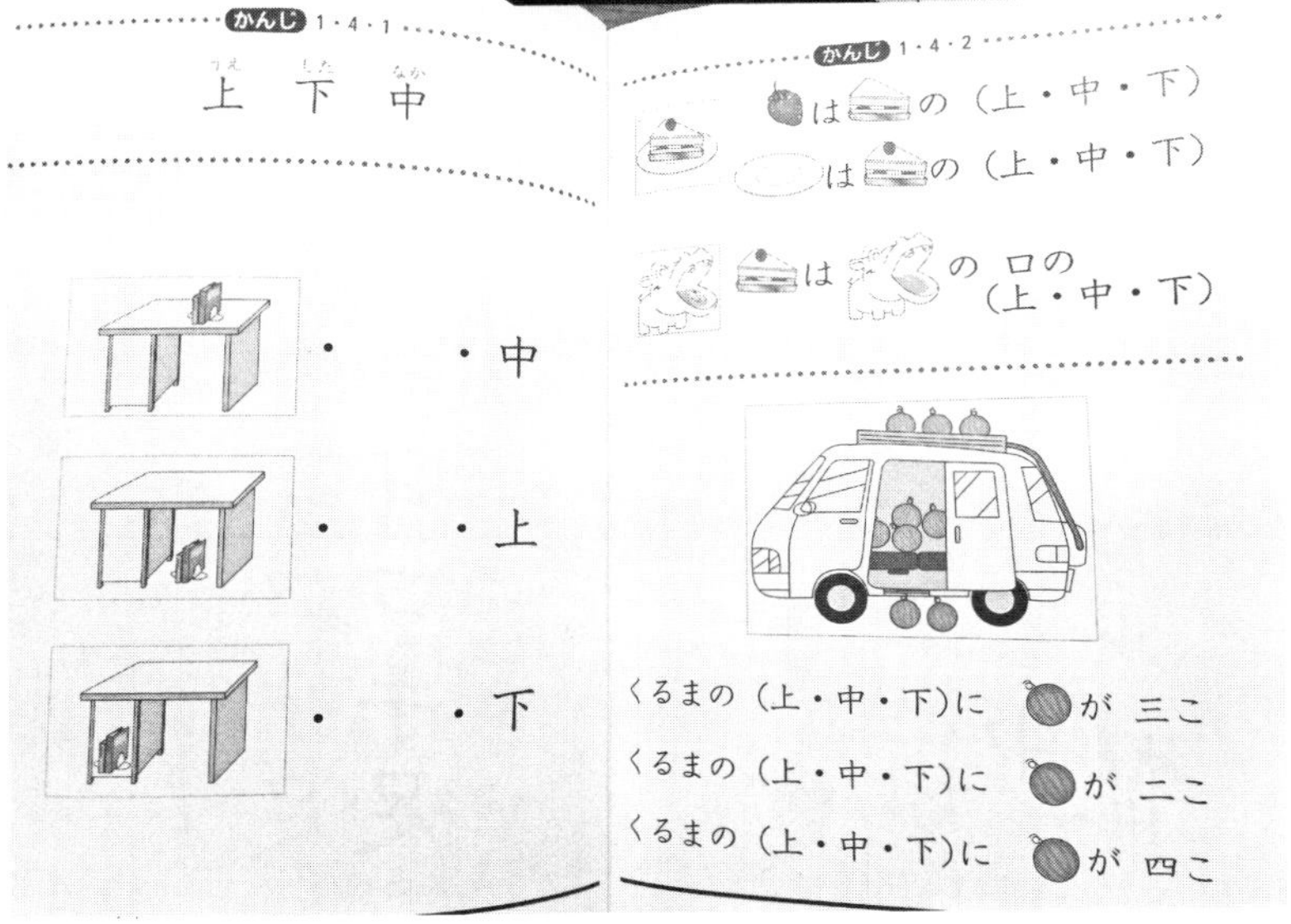

❸ 教科書では勉強できるの？

来日したばかりの子や生活するための日本語が何とか理解できるという程度の日本語レベルの子にとって、とりわけ日本語への依存度が高い「国語科」への学習参加は、どの学校でも難しい状況かと思います。日本語の習得が進み、自分の日本語能力で参加できるようになるまでは、「我慢して座っている」状態なのが現状です。しかし、国語科の教材は、子供の知的な興味を刺激し、学齢相当の思考を促すにはとてもよい内容が多く、工夫次第では、多くの日本語の獲得も期待できる教科なのです。そこで、国語科の学習を支援するために、私は「リライト教材」の活用をおすすめします。

リライト教材は、子供の日本語能力に合わせて、教科書の本文などをわかりやすい表現に書き換えた教材です。現在市販されているものの他、教科書に取り上げられる教材をリライト化したものを書籍やネットで見ることもできますが、大切なことは、指導する教員がその教材で学習する子供の日本語力に適応した教材を自作することです。その場合、日本語の表現はやさしくしても、学習内容は学年相当のレベルであることが望ましいでしょう。

『大造《だいぞう》じいさんとガン』あらすじ

名前《なまえ》（　　　　　　）

①ガンの頭領《とうりょう》は、左右のつばさに一か所ずつ、真っ白な交じり毛があったので、かりゅうど
から、残雪《ざんせつ》とよばれていた。

大造《だいぞう》じいさんは、残雪《ざんせつ》がくるようになってから、一羽《いちわ》のガンも手に入れることができなく
たので、いまいましく思っていた。

②大造《だいぞう》じいさんは、くいにタニシを付けたウナギつりばりを、たたみ糸で結んでおくという
な方法《ほうほう》で、一羽《いちわ》の生きているガンを手に入れた。

③ガンは、昨日《きのう》の失敗《しっぱい》にこりて、えさをすぐには飲みこまないで、くちばしの先にくわえ
っぱってみてから、いじょうなしとわかってから飲みこんだ。

大造《だいぞう》じいさんは、残雪《ざんせつ》のしわざだと感嘆《かんたん》の声をもらした。

④大造《だいぞう》じいさんは、夏《なつ》からタニシを五俵《ごひょう》集め、ぬま地《ち》にばらまいた。その翌日《よくじつ》も、その翌日
じことをしたので、ガンのお気に入りの場所《ばしょ》になった。

⑤大造《だいぞう》じいさんは、夜の間《あいだ》に小屋《こや》をつくってもぐりこみ、ガンが来るのを待っていた。残
昨日《きのう》までなかった小屋《こや》を見つけたので、ぬま地《ち》のはしに着陸《ちゃくりく》した。

⑥二年前《にねんまえ》、つりばりの計略《けいりゃく》で生けどったガンは、すっかり大造《だいぞう》じいさんになついていた。大
いさんは、このガンをおとりに使って、残雪《ざんせつ》の仲間《なかま》をとらえてやろうと考えていた。

⑦大造《だいぞう》じいさんは、夜のうちに飼《か》いならしたガンをえさ場《ば》に放し、小屋《こや》にかくれてガンを待
ガンの群《む》れは、えさ場《ば》に下りると、一度《いちど》にバタバタと飛《と》び立った。ハヤブサがきたから

⑧ガンの群《む》れは、残雪《ざんせつ》に導《みちび》かれて飛《と》び去ったが、大造《だいぞう》じいさんの飼《か》いならしたガンは逃げお
れしまい、ハヤブサに一けりされた。

そのとき、残雪《ざんせつ》が飛んできて、仲間《なかま》を助けるためにハヤブサと戦《たたか》って、もつれ合ってぬま地《ち》に
落《お》ちていった。

どうぶつ園《えん》のじゅうい

名前《なまえ》（　　　　　　）

㈠

わたしは、どうぶつ園《えん》ではたらいている　**じゅうい**です。

わたしのしごとは、どうぶつたちが　元気《げんき》に　**くらせる**ように

することです。どうぶつがびょうきやけがをしたときには、

ちりょうをします。ある日《ひ》の　わたしのしごとのことを

書《か》いてみましょう。

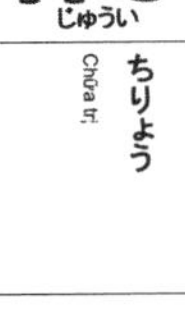

㈡

朝《あさ》、わたしのしごとは、どうぶつ園《えん》の中《なか》を**見回《みまわ》る**ことから

はじまります。元気《げんき》なときの　どうぶつのようすを見《み》ておくと、

びょうきになったとき、すぐに気《き》づくことができるからです。

見回《みまわ》るわけは、もう一《ひと》つあります。

どうぶつ園《えん》のどうぶつは、犬《いぬ》やねこなどの

ペットとちがって、**もともと**、しぜんの中《なか》で

くらしていました。しぜんの中《なか》では、

どうぶつたちは、弱《よわ》っている**すがた**を見《み》せません。

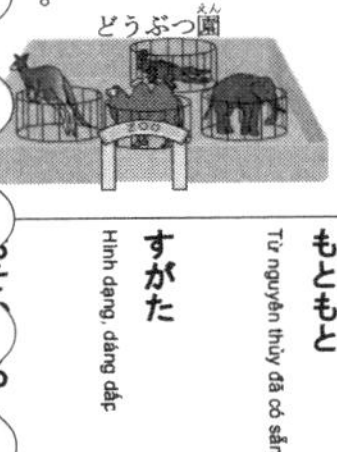

じゅうい	Bác sĩ thú y
くらせる	Có thể sống được
ちりょう	Chữa trị
見回る	Đi tuần tra, đi vòng vòng để kiểm tra
もともと	Từ nguyên thủy đã có sẵn
すがた	Hình dạng, dáng dấp

国語科自作リライト教材
（菊池聡自作）

Case9

教科指導②

「算数科」の学習はどうするの？

❶ 外国人児童にとっての「算数科」とは

外国人児童にとっての算数科は、計算などの日本語を使わない学習があり、他の教科と比べると比較的取り組みやすい学習です。また、算数科の学習は、それまで学習してきたことを基にして、それに積み重ねて発展させながら進めていくことが多く、一つの学習項目が理解できていないと次の学習項目の理解に大きな影響が出てくる教科でもあります。例えば、かけ算九九が習得できていなければ2位数×1位数の計算はできないし、わり算の理解も困難になります。

日本語が苦手な外国人児童に支援をする際には、出身国での算数科の既習内容に着目する必要があります。算数科の既習内容を知る方法として、「母語（または通訳）による簡易テスト」があります。テストは、学習内容の1学年分をプリント1枚程度にまとめ、母語化したものを使用します。その場合、計算技能だけでなく、定規やコンパスなどを用いて測定や作図する技能やその単位なども盛り込むことが大切です。そして、未習の場合は、日本語の取り出し学習の中などで、母語を用いて補習することもできると思います。

❷ 教科と日本語の統合学習を

日本語がわからないので、学習に参加できない、また友達とのおしゃべりはできるのに、勉強はできないという外国人児童はいませんか？　このような子供は、一般の子供たちと同じように学習したのでは、授業を理解することはできないでしょう。例えば、「正方形と長方形」の学習の場合、その違いや形の定義を日本語で教えるのではなく、子供自身で気がつくように、視覚的な支援や具体物の利用などの工夫をすることが大切です。配布した2つの四角形を重ねながら、「ここ、ここ、ここ、おなじ。ここ、ここ、ちがう」のように視覚的に捉えさせた後、定規で長さを測り、子供の気づきを促します。この後、「正方形・長方形・辺・角」の語彙を提示し、「正方形（は）4つ（の）辺（の長さが）同じ（です）」のようにまとめます。子供たちは、このような操作活動や体験的な活動を通して、気づいたり理解したりすることができます。その気づきや理解が見られたタイミングで日本語を提示することによって、学習内容と日本語のどちらも習得することができるのです。※詳しくは、文部科学省「教科志向型」JSLカリキュラム「算数科」https://www.mext.go.jp/a_menu/shotou/clarinet/003/001/008/015.htmを参照。

❸ 学習展開を柔軟にして行う統合学習とは

先に述べたように、算数科はそれまで学習してきたことを基にして、それに積み重ねて発展させながら進めていく教科です。特に、外国人児童にとっては、自宅では母語、学校では日本語での生活になることが多く、次の勉強との間に、休日や長期休業などが入ると、前に学習した知識を忘れてしまうことはよくある話です。

そこで学習展開、特に導入を工夫する必要があります。導入では、本時の学習解決につながる前時までの既習の知識を振り返った後、それを意図的に黒板の端や掲示物として残すことにより、知っていることや経験に関連づけて理解を促すことができ、自己解決への支えになります。導入の後は、本時の学習内容を操作活動や体験的な活動を通して理解、そして、最後に学習を言葉でまとめます。学習でのやりとりや板書などを見ながら、自力でノートにまとめることができる子供もいますが、子供たちの日本語の力に合わせたワークシートを用意する方法もあります。まとめの文章も穴埋めの文章になっていたり、語彙がキーワードとして表記してあったり、絵図で補足していたりと、子供たちがまとめやすいものを数種類用意しておく工夫もあります。

Case 10

教科指導③

「理科」の学習はどうするの？

❶ 学習の中で理科的な概念と言語指導を！

日本語で学ぶ力が弱い外国人児童にとっての理科の学習は、観察や実験などの具体的な現象を直接体験できること、またグループでの活動の中で友達からのサポートを受けながら学習できることなどの理由から、比較的参加しやすい教科です。したがって、学習活動に参加することを通して、理科的な概念と日本語で学ぶ力を高めていくことが望ましいと思います。

特に、理科はグループによる活動が多くなるので、グループ活動の際にも、言葉や表現に着目した話し合いや活動ができるように、黒板に「グループ活動で使いたい言葉」として、「～だと思います／～さんと同じ考えです」「～さんは～をしてください」「わかったことは～です」「～に賛成です／～に反対です」のような話型を掲示しておくとよいでしょう。

また、理科的な用語や用具、道具の名前、動作や変化の様子を表す表現などの語彙（学習言語）を掲示したりする工夫もあります。その際、日本語で学ぶ力が弱い子供のために、掲示物やワークシートなどを母語でも表記しておくとよいと思います。

❷ 母語を活用しよう！

学習における語彙は、「一般的語彙」（日常生活でも使用）、「教科的語彙」（日常生活でも学習でも使用）、「専門的語彙」（その教科以外使用しない）がありますが、日本語で学ぶ力が弱い外国人児童にとっては、専門的語彙はもちろん教科的語彙にも知らない言葉があるはずです。そんな時には、①知っている言葉（一般的語彙）、②知らないかもしれない言葉（教科的語彙）、③新しく覚える言葉（専門的語彙）ごとにリストにまとめて資料とする方法もあります。教科学習の中で使用する語彙や表現、道具や器具の絵・写真を、日本語・ローマ字の読みがなと主要な母語で表した掲示物や一覧表を準備することで、学習が進めやすくなるでしょう。

また、日本で暮らしてきた子供たちに対しては、一般的語彙と教科的語彙はすでに知っている言葉として扱い、授業では、理科でしか使わないような専門的語彙についてのみ学習を進めることもできるでしょう。一斉授業の中で、日本語能力が弱い子供のために一般的語彙と教科的語彙について説明することは現実的ではないので、取り出し学習の中で事前に、学習で使う言葉や表現について触れておくとよいでしょう。

❸ 学習展開をパターン化する！

日本語で学ぶ力が弱い外国人児童が、学習にスムーズに参加できるように、学習展開を「予想→観察(実験・調査)→考察→発表」のようにパターン化する工夫があります。このようなパターン化された学習の展開は、「次に何をするのか」について見通しをもつことができるので、日本人児童にとっても安心して学習できる方法だと思います。

また、はじめからノートに書かせるのではなく、外国人児童も学習に取り組みやすいようにワークシートを活用する方法もあります。その際は、以下のような工夫をするとよいでしょう。

① 重要な語彙（専門的語彙・学習言語）や学習の過程が理解しやすいように、絵や写真とともに示す。

・使用する器具や道具の名前、動作（かきまぜる、ふる　など）を表す言葉などを絵とともにカード化する。

・グラフや表にまとめやすいように空欄をつくる。

・学習展開を記号化する　例　?（もんだい）、(ˆoˆ)（よそう）、👁（かんさつ）、✏（わかったこと）、など。

②「やさしい日本語」の表現パターンを提示して、日本語表記をしやすいように示す。

【問題提示】問題を書きましょう／よそうを書きましょう／くらべ方を書きましょう／わかったことを書きましょう　など

【予想】～だから～のようになると思います　など

【観察・実験・調査】～が～になる／～ぐらい～／～と比べると～／～したら～になった　など

【考察】わかったことは～です／～ということがわかりました　など

理科実験《りかじっけん》カード　月《がつ》　日《にち》（　）　名前《なまえ》
実験名《じっけんめい》
予想《よそう》　Prediction　预测　Previsão　Hy vọng
～と　おもいます。なぜなら、～だからです。
方法《ほうほう》　Method　方法　Método　phương pháp
①　はじめに、～をします。
②　つぎに、～をします。
③それから、～をします。
結果《けっか》　result　结果　resultado　kết quả
～（する）と、～に　なりました。

理科実験カード（菊池聡自作）

観察《かんさつ》カード	（観察《かんさつ》したもの）

月《がつ》　　日《にち》（　　　）　　天気《てんき》（　　　）

色《いろ》の　ことば
みどり、きみどり、
きいろ、しろ、くろ、
あお、あか、ちゃいろ
おうどいろ

大《おお》きさの　ことば
～ビーだま　ぐらい
～けしごむ　ぐらい
～マウス　くらい
～アイフォンくらい

気がついたこと
はっぱは、ザラザラでした。
はっぱには、みじかいけがたくさんありました。
はっぱのかたちは、ギザギザでした。
小さなつぼみがありました。

おもったこと
～はやく大《おお》きくなってほしいと、～おいしくなってほしいと、～もっとたくさん実ができてほしいと、～はやく食べたいと、

なにを かんさつしましたか	を　かんさつしました。
いろは、どんな いろでしたか	のいろは、　　　でした。
大《おお》きさは、どのくらい　でしたか	の大《おお》きさは、　　ぐらいでした。
～の数《かず》は、いくつ でしたか	は、　　　つ　ありました。
どんなことに 気《き》がつきましたか	が、　　　　　した。
どんなことを おもいましたか	と　おもいました。

名前《なまえ》（　　　　　　　　　　）

理科観察カード（菊池聡自作）

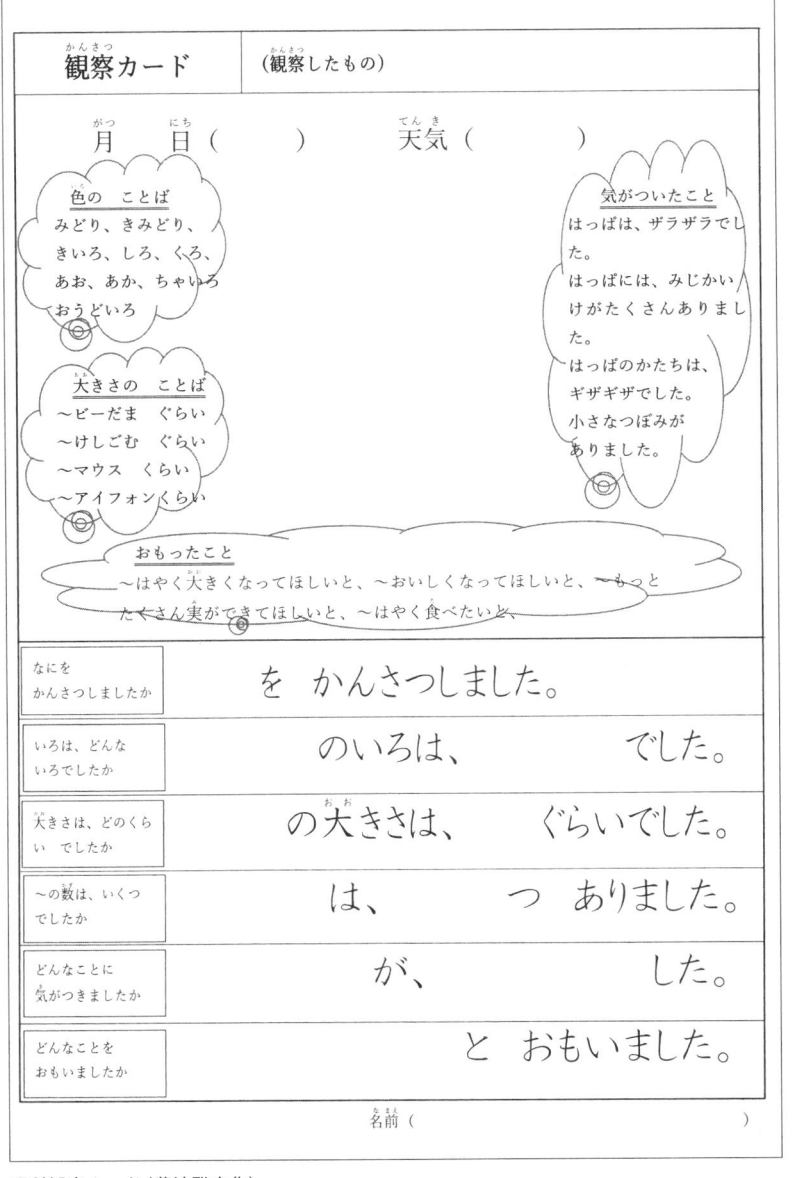

Case 11

教科指導④

「社会科」の学習はどうするの？

❶ 興味・関心をもてる授業にするために

来日したばかりの外国人児童にとっては、日本社会での生活経験が乏しいことが、社会科の学習に参加できない大きな原因となっています。しかし、母国での生活経験や学習経験がある外国人児童の場合は、「ゴミの処理」や「工業・漁業・農業などの産業」「気象や気候」の学習など、母国の様子や既習知識と比べることによって、教室での学習を進めることも可能になります。また、担任としては、外国人児童が興味をもてるように、授業の展開を工夫する必要があります。

例えば、日本には海外の商品があふれていることに目を向けて、諸外国の食材・食料や衣料品などを見つける学習を行うことによって、外国人児童も学習をより身近に感じて興味をもって取り組むことができるようになります。

個人での作業になると難しくなるので、友達とのグループ作業を通して行うこともよいかもしれません。このように、周りの日本人の子供にとっても日本ならではのよさや諸外国の考え方などを知ることができるので、多様性の中で生きる子供たちにとっては、様々なものの見方や考え方に触れることができるよい学習になるでしょう。

❷ 馴染みのない地理的用語は、どのように学習する？

都道府県名、市町村名、山や川の名前などの地理的用語については、外国人児童にとっては、行ったこともなければ聞いたことすらない名称ばかりである上に、難しい漢字表記のために、馴染めない学習の一つです。ただ、その場所と名前の暗記に時間数をかけすぎることはできないので、ちょっとした時間にゲーム感覚で覚えることができる工夫をするとよいでしょう。

例えば、子供たちが楽しく取り組める活動として、「都道府県すごろく」があります。ゲームはポイント制で、ポイントを多く取った人が勝ちになります。ルールは、サイコロを振って止まったマスの都道府県の名前を言い、当たったら1ポイントでボーナスチャレンジへと進めます。ボーナスチャレンジは、「県庁所在地」「市町村名」「山」「川」「名産品」の中から一つ選んで答え、当たったら1ポイントで、さらに一つ選んで答えるというのを、間違えるまで行います。授業の最後の数分間や休み時間などに行うと、盛り上がります。その発展として、「世界すごろく」をやってみるのもよいでしょう。

❸ 見たことも聞いたこともない歴史の学習は必要なの？

日本人でも理解しづらい、過去に起きた出来事を学ぶ歴史学習は、特に海外から来た外国人児童たちにとっては難しい学習です。初めて聞く歴史上の人物や出来事が難しい漢字で次々に出てくることがさらに学習を困難にしています。まして、その事実を丸ごと覚える学習では負担が大きく、内容理解を伴わない言葉の学習はその場限りになりがちで、興味や関心をもつことができません。

そんな時には、別途、母語を用いて補う場面を設定し、学習内容の理解を促す方法があります。他にも学習に母語通訳者が寄り添う支援や、インターネットを活用して母語で調べてから、わかったことを日本語でまとめるという方法もあります。また、各時代の歴史上の大きな出来事を、子供たちが興味をもてるように「歴史マンガ」ふうに翻訳した資料を作成したり日本史年表の見方を学習したりして大体の流れをつかんでから、各時代の歴史上の出来事を詳しく取り上げる方法もあります。外国人児童に出身国の歴史についての知識があれば、出身国の歴史年表と比べながら学習するのも興味がわく展開になることでしょう。

Case 12

教科指導⑤

「生活科」「総合的な学習の時間」の学習はどうするの？

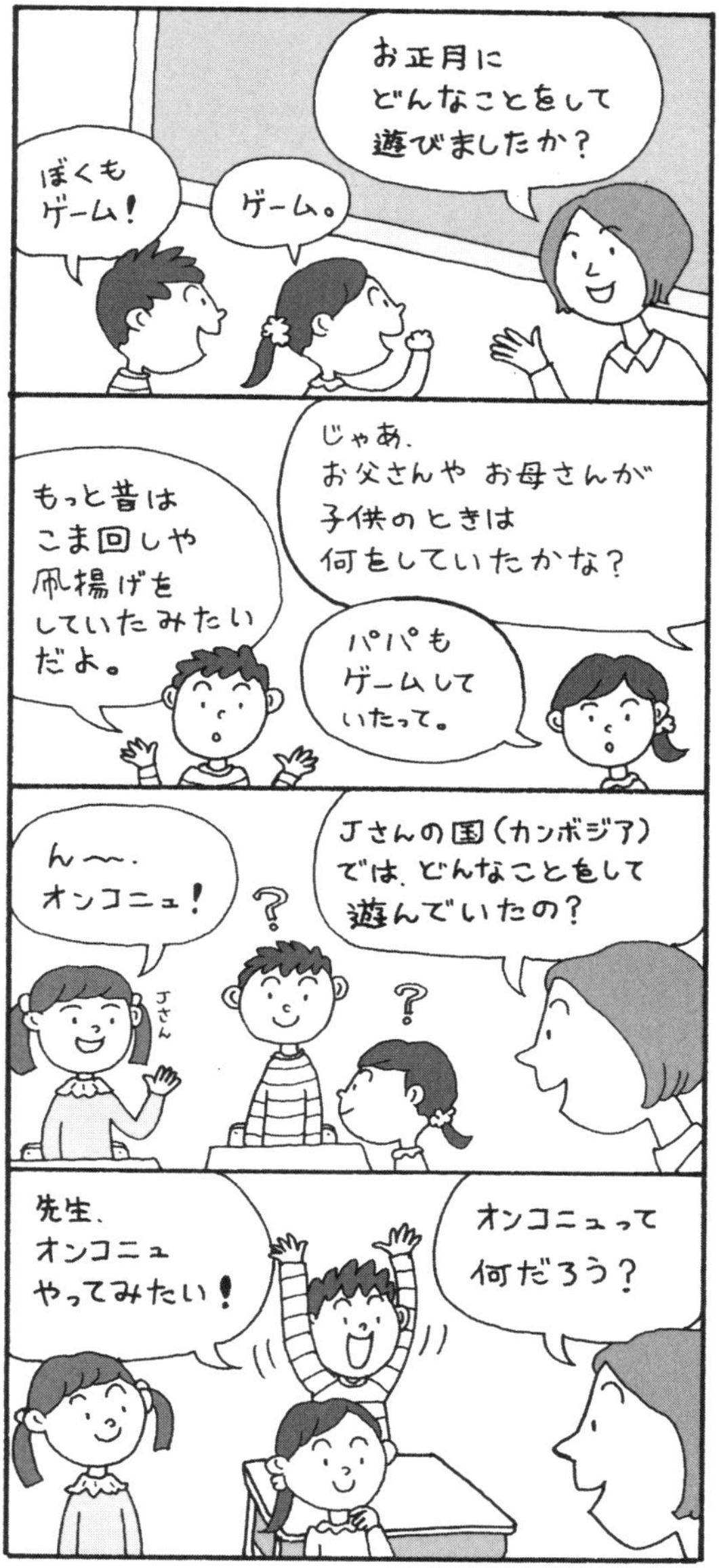

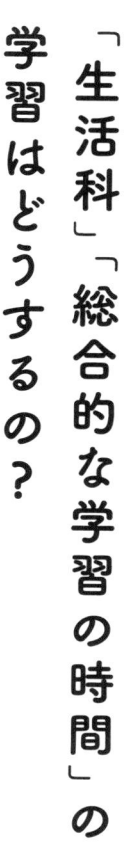

❶ 互いの違いを認め合える授業アイディア

外国人児童たちが多く在籍している学校では、各教科の発展学習や総合的な学習の時間及び生活科の学習で、いろいろな国のよさを認め合える学習内容を設定することが望まれます。友達の国の文化だけでなく自分の国の文化を知ることによって、互いの違いを認め合い、ともに生活していこうとする気持ちを育むための実践です。

主な内容としては、歌ったり踊ったり遊んだりする体験を通して、その国のよさを知る「異文化理解学習」と、日本人と外国に関係のある方々が互いに住みやすい生活環境をつくるための工夫を考える「共生学習」が設定できると思います。私の在籍校で過去に行った例を挙げると、1年生の生活科「いろいろな国の正月遊び」、2年生の国語科「いろいろな国のお話紹介」、3年生の国語科「すがたをかえる大豆」(光村図書)の発展学習で行った「世界の大豆料理」、4年生の国語科「手と心で読む」(光村図書)の発展学習で行った「世界の点字・手話調べ」、5年生の総合的な学習の時間で取り組む稲作の学習のまとめとして行った「世界の米料理」、6年生の家庭科「朝食づくり」で行った「中国とベトナムの朝食づくり体験」などがあります。

❷ 生活科「日本の昔遊び」で様々な国の文化に触れる

生活科の学習で、「日本の昔遊び」を体験する学習があります。現代の子供たちはあまり遊ばなくなったこま回し、羽根つき、凧揚げ、剣玉、おはじきも、保護者などに声をかけて、いっしょに遊びながら遊び方を教えてもらうようにするとよいでしょう。子供たちがうまくできるようになれば、保育園や幼稚園との交流の際などにも、園児を楽しませる活動などに発展させることができます。

外国人児童たちにとっては、「日本の昔遊び」は、親から教えてもらった経験がない遊びばかりで、身近に感じることができないものです。また、日本の子供たちにとっても、多文化共生的感覚を育むためにも、低学年から様々な国の文化に積極的に触れることは大切です。「教科書には、日本の昔遊びが紹介されているけれど、○○さんのお父さんお母さんの国ではどんな遊びをしていたの？」などと呼びかけ、保護者の方を学校に招いて母国の遊びを教えてもらい、いっしょに体験する学習もできると思います。また、保護者を招く際は、貴重な機会を利用して、あいさつや数字の数え方などを教えてもらったり、民族衣装を着てもらったりすることもよいと思います。

❸自分たちが住む「まち」を見つめ直す学習で

4年生の社会科「住みよいまちづくり」では、安全や警察、消防、ゴミ処理などの学習に取り組みます。日本人の子供たちにとっては、教科書の事例から自分が暮らしているまちの様子へ視点を変えて考えることができても、日本のまちの様子についてよく知らない外国人児童にとっては、言葉と現実を関連づけて考えることは難しいものです。そこで、「総合的な学習の時間」で「自分たちが暮らしているまちが、外国に関係のある方々にとっても住みよいまちなのか」という課題を設定し、地域を見つめ直します。過去に行った実践の例では、子供たちはゴミステーションのルールが守られていないなどの課題を見つけ、調査した結果、役所や自治会からのゴミの分別のパンフレットが全て日本語で書かれていることを知りました。子供たちは、地域のボランティアや日本語のわかる保護者に相談し、いろいろな国の言葉でパンフレットと表示を作成して、ゴミステーションに貼り出しました。子供たちにとっても、自分たちの発信によってまちが変わり、誰もが安心して生活できるようになったことを体感することができ、次の学習への意欲につながる学習となりました。

❹キャリア教育の実践

外国人児童の中には、日本語が苦手な親が日本人の好まない職種に就いていたり、日本語が苦手な兄弟が日本語での授業についていけずにドロップアウトしてしまったりと、親や兄弟が自分の将来のロールモデルとなりにくい傾向にあります。そこで、高学年の総合的な学習の時間の中で、「キャリア教育」として、様々な職種の方々と「ふれあい、体験し、共感し、自分事に考える」機会を設定しました。

例えば、生活をする上で最低限の日本語を習得した外国人児童のAさんは、手先が器用で、日本語による会話を必要としない美容師になる夢を描いていました。そこで、ゲストティーチャーとして美容師の方に来ていただき、ヘアーカットやセットの実演をしてもらいました。そして、美容師には、お客様との会話で、相手を思いやり、また来たいと思ってもらえる会話力が必要だという話を聞きました。この授業で、Aさんは、美容師になるためには日本語による会話も大切なことがわかり、改めて日本語学習をがんばることにしました。そして、美容師になるための勉強や資格を取得する方法などを調べて、パネルにまとめて発表しました。

同様に、例えば、パティシエ、ネイルアーティスト、大工、アクセサリーデザイナー、キャビンアテンダント、プロ野球選手、プロサッカー選手など、子供たちがなりたい職業の人に来ていただき、様々なお話を伺うことで、子供たちが自分の将来を思い描き、具体的に夢を実現するための過程を考えるキャリア教育を実現することができます。

プロ野球選手による野球教室と夢の実現のための講話

美容師による職業体験

守り、責任をもって仕事を果たし、まじめに働いた日本人移民が積み重ねてきた信用による、日本人・日系人なら間違いないという評価が、「ジャポネーズ・ガランチード」という言葉に込められているそうです。そして、現在の日本人移民の子孫は、その勤勉さと教育程度の高さから社会的地位の高い職業に就いているケースが多いと言います。政界・経済界、医者や弁護士、教員、芸術・文化を含む広範な分野に進出し、ブラジルの発展に大きく貢献したと高い評価もあるようです。

こうしたブラジルの日本人移民の子孫の現状から見ると、ブラジルでは「国籍」や「見た目」が違うことに偏見をもつことなく、それぞれの「よさ」を認め合える目をもち、「がんばった者」が評価される国づくりをしてきたのではないか、とも私は思うのです。

「多文化共生社会」とは、国籍や民族の異なる人々が、お互いの価値観や文化的な違いを認め合い、対等な関係を築きながら、地域社会の構成員としてともに生きていける社会のことです。現在、日本に住んでいる外国に関係のある方々、そして将来、日本に移住してくる方々も、地域社会をともに支える住民です。国籍や民族が違うことで区別せず、違いを認め合い尊重し合いながら、ともに豊かに暮らすことが大切なのです。

column

「ジャポネーズ・ガランチード」

私が勤務していた横浜市立A小学校では、5年生の総合的な学習の時間で国際協力機構（JICA）横浜を訪問して、日本からハワイやブラジルなどに移住した日本人移住者について学ぶ「移民理解学習」を行っていました。約100年前、遠く離れた異国の地で日本人がどのように受け入れられ、どんな生活をしていたのかを知ることによって、現在、隣にいる、そしてこれから来日する外国に関係のある方々との向き合い方について考える大切な学習となっています。

今から113年前の1908年、最初の移民船「笠戸丸」がブラジルへ到着しました。その時の日本人移民たちの様子については、「数か月かけてブラジルへ到着した船内は清潔に保たれ、混雑することなく並んで移動し、タバコの吸い殻や吐唾もなかった」と「ブラジル日本移住八十周年史」に書かれています。

一方、移民たちを待っていたのは、差別や偏見に重労働。彼らは過酷な生活に耐え、支え合いながら必死に生きてきました。共同で土地を購入し、野菜を栽培して販売する中で、日本人の仕事の細やかさや丁寧さ、誠実さに地元ブラジルの人々は感動し、長い年月をかけて移民たちはブラジルの人々の信頼を得るようになりました。

「ジャポネーズ・ガランチード（保証付きの日本人）」。約束を

Case 13

教科指導⑥

「体育科」の学習はどうするの？

❶ 育った文化や背景を尊重したカリキュラムの工夫を！

バスケットボール、サッカー、バドミントン、卓球など、オリンピックでも行われるようなスポーツには、世界共通のルールがあり、言葉が通じ合えなくてもいっしょに行うことが可能です。一方、ドッジボール、マット運動、跳び箱など、来日した外国人児童にとって、今まで経験したことがない競技や運動については、ルールを徹底した中で、遊びの要素を取り入れた場の工夫をすることが望ましいと思います。

例えば、外国の方々から見ると、日本は「侍」や「忍者」というイメージもあるので、マット運動などは「忍者の修行をしよう！」のように学習を展開する工夫も考えられます。また、ドッジボールのように、子供たちが「倒せ！」「やっつけろ！」という罵声に合わせて相手にボールを投げつけ合うような競技に抵抗を感じる外国人児童もいます。以前、中国国内の日本人学校で運動会の練習をしている際に、騎馬戦を見た現地の方から「日本は戦争教育をしているのか」と抗議されたことがありました。決められた教育課程で行うだけでなく、子供たちの育った文化や背景も尊重して、カリキュラムの工夫をすることが求められます。

❷「強制」ではなく「共生」できる学習に！

来日したばかりの外国人児童とその保護者にとっては、日本の体育の授業の様子は珍しいようで、「軍隊みたい……」という感想を言った方がいました。多くの国の学校では、机に向かう学習が中心で、体育や音楽、家庭科などの教科を履修していないことがあります。また、たとえ体育があったとしても、遊具やボールを使って遊んだり、走ることが中心だったりするようです。服装も学校で体操服に着替えるようなことはしないし、みんなが同じことを一斉に行うような集団行動も行われません。

そんな国から来た外国人児童にとって、みんなが同じ体操服を着て紅白帽子をかぶり、「気をつけ、休め、気をつけ、前にならえ、なおれ」のように、先生の号令に合わせている光景は、少し異様に見えてもおかしくはありません。たとえるならば、日本の国体の入場行進とオリンピックの入場のシーンでは、規律と自由という面で大きな差を感じると思いますが、その違いに似ています。今後、多様性を重視する教育に転換していくためには、安全に行うために行動に最低限の規律を加えるとしても、子供たちの感情や思考に合わせて柔軟に対応することが求められます。

❸「○○を忘れました」で学習できないということを避けるために

日本語能力が低い外国人児童やその保護者に、学校で使用する物について伝えるのは、とても困難な時があります。学校では、漢字にひらがなルビをつけたり、絵や写真を添えたり、母語で伝えたりする工夫をしていますが、今まで経験したことがない事柄であれば、行き違いや勘違いなどが頻繁に起こります。

特に、水泳については、学校教育の中で行われている国は少なく、持ち物だけでなく、水泳カードの意義などについても、うまく伝わらないことがあります。水着購入の案内に絵や写真を添えても、保護者が量販店で海水浴で使うようなカラフルなサーフパンツやビキニタイプの水着を購入してきてしまったり、ゴーグルも海中で使用するような水中メガネを持参してきたりすることもあります。

このようなことを防ぐためには、学校にスポーツ店を呼び、教員といっしょに購入できる環境を設置する工夫があります。また、持参し忘れたり押印がなかったりするとプールに入れない「水泳カード」については、母語で説明を加えるなどして、子供たちの学習に支障がないように支援したいところです。

Case 14

教科指導⑦

「家庭科」の学習はどうするの？

❶ 自宅から食材や道具を持ってくる場合は

調理実習や裁縫実習の際に、自分で使う布やグループで分担した食材を自宅から持ってくることがあります。しかし、外国人児童の家庭では、来日してから何年経っても母国での生活習慣で暮らしている家庭もあり、「自宅から持ってくる」という場合には、注意を要することがあります。

例えば、「お米を1合ずつ持ってきてください」と伝えると、集まってくるお米は、日本米、中国米、タイ米、ベトナム米などバラバラになり、卵や野菜などの食材の他、調味料なども、輸入食品を扱う店で購入したりしたものなど、様々な種類のものになってしまうことがあります。また、「クッションカバーを作るための布を持ってきてください」と伝えると、針が通らないくらいの厚い布だったり、布団カバーのような布だったりして、学習をスムーズに進めることが困難になることもあります。したがって、指導のしやすさはもちろん、子供たちの作業のしやすさを考えた上でも、教材費を学年費や臨時徴収のような形で集めて、学校斡旋で教材を購入するほうが望ましい場合もあります。

❷ 衣食住の文化を扱う学習だからこそ、多文化を取り上げて！

来日した外国人児童たちが、日本の学校生活にすぐには適応できない理由の一つとして、日本語がわからないということだけでなく、衣食住を中心とした日常生活そのものが初めて経験することばかりであるということが考えられます。来日したばかりの外国人児童が、日本のあまりの寒さに驚いて、何枚もセーターを重ね着したり、初めて食べる給食に苦戦したり、靴を脱いで上履きに履き替えることに慣れなかったりと、様々な場面でかなりのストレスを感じています。

このように、文化の違う外国人児童が転入してきた時には、逆にその子の文化を経験したことがない日本人の子供たちが成長するチャンスなのです。外国人児童が困っている様子から、その子が生活していた文化を知り、認め、互いに安心して生活できるための方法を考えること、それが「多文化共生」なのです。そして、相手の文化を知ることによって、初めて接し方がわかるのです。

私たち教職員は、様々な教科や取り組みの中で、多文化共生について考えることができる学習展開を意図的・計画的に行いたいところです。家庭科の授業でも様々な国の食文化や快適に過ごすための衣服・住環境の工夫など、ぜひ文化の違いを知る授業を積極的に設定していきましょう。

お弁当づくり体験（6年家庭科）

世界の食文化体験～JICA横浜にて（5年総合的な学習の時間）

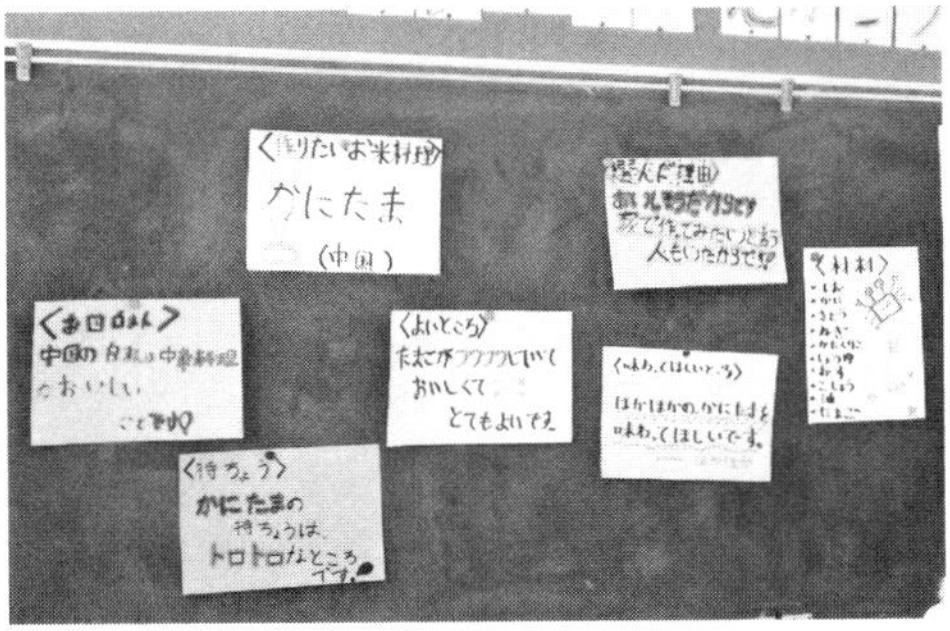

世界の米料理づくり（5年総合的な学習の時間・家庭科）

❸「朝食づくり」の学習を通して、互いの文化の違いを理解する

中国から来日したばかりのAさんは、「登校中にパンを食べながら歩いてくる」、ベトナムから来日したばかりのBさんは、「朝からニンニク臭い」……。このような場合、一方的に相手の習慣を否定しても、お互いに納得がいく解決にはなりません。このケースでは、家庭科の「朝食づくり」の学習の中で、実体験を通して考えられるように学習展開を工夫しました。家庭科では、ご飯と味噌汁、野菜のおひたしなどの基本的な日本の朝食をつくる調理実習があります。それに合わせて、ベトナムと中国出身の保護者を招き、母国の一般的な朝食であるベトナムのフォーと中国の饅頭をつくっていただき、どうして朝に食べる習慣があるのかについて教えていただきました。

授業後の子供たちの感想では、「朝から気温が高いベトナムでは、食欲が落ちる朝食を食べやすくするためにニンニクの効いた料理を食べるんだ」「朝に気温が低い中国（の東北地方）では、通学する時に、つくりたての饅頭を洋服の中に入れて、体を温めているんだ」などの気づきが見られました。このような体験を通して、相手を理解し、関係づくりに役立てようとする子供たちを育てることが大切です。

column

課題解決を図るための多文化的な学習

学期途中に、4年生のクラスに中国から二人の子供が転入してきました。休み時間になると二人で中国語で会話をし、日本人との関わりはありませんでした。ある日、ある日本人の男の子に「中国人うるさい、中国嫌い」と言われました。そこで、担任と相談して、教室では国語の「せつめい書をつくろう」、日本語学習では「中国餃子のつくり方」をそれぞれ学習し、クラスの子供一人ひとりが自分の得意なことについての説明書を作り、合同で発表会をしました。その後、総合的な学習の時間に、二人が書いた説明書の検証として、二人の保護者を招いて中国餃子作りを体験しました。二人が手と麺棒を器用に動かして餃子の皮をつくるパフォーマンスに、周りの子供たちは拍手喝采! 併せて、二人から「いただきます」「おいしい」「ごちそうさま」という中国語も教えてもらいました。最後の感想発表では、以前、二人にひどいことを言った男の子が「いつもは日本語を話さないけれど、一生懸命覚えて話していてすごいと思った。餃子の皮をつくる時も、ぼくに教えてくれた。ぼくは、中国が好きになった」と発表していました。それから二人は「次は、クラスで何を発表できるかな」と、学習に対してさらに意欲的になったのです。

Case 15

学級経営・生活指導①

友達との関係はどうつなぐの？

❶クラスの友達と関わろうとしない子には

授業中は一言も話すことがない子供が、休み時間になると、同じ母語を話す子供同士で集まって、大きな声で話している姿を見かけることがあります。そんな時、「校庭で遊びなさい」とか、「クラスの友達と遊びなさい」とか、「できるだけ日本語で話しなさい」などのように言ってしまうことはありませんか？

外国人児童たちにとって、自分の言葉や文化と異なる学校での生活は、私たちには想像できないほどの緊張やストレスを感じるようです。そんな時には、「先生にも、○○語教えて」とか、「日本語教室で、ゆっくりお話ししたら」とか、「○○の遊びをしようよ」など、外国人児童たちの気持ちや心に寄り添ってストレスを緩和し、彼らに「心の居場所」をつくってあげることが大切です。

また、私は、休み時間に国際教室を開放しています。母語や母文化を保有している子供たちは、母語に訳された日本の漫画本を読んだり、母国の学校で遊んでいた遊びをしたりして過ごしていますが、教室を開放することで、少しずつ日本の子供たちも通うようになり、いっしょに遊ぶことを通して関わりが増えていきました。

❷ マナーや習慣の違いからケンカになってしまう場合は

日本では、食器を押さえたり持ったりして食べることがよいマナーと言われています。南米から来日したAさんは、食器をトレーに置いたまま食べていたことで、トレーや机に食べこぼしがありました。そこで、隣の日本人の友達が注意したことがきっかけでケンカとなってしまいました。Aさんは、日本語で自分の気持ちや思いを伝えることができないので、つい手が出てしまったようです。

このように、育った国や家庭の考え方や習慣などの違いから、ちょっとした行き違いが生じてしまい、言い争いやケンカになってしまうことがあります。担任が保護者に報告すると、南米ではテーブルに食器を置いたままで食べるのがマナーだと聞きました。担任としては、日本と異なる文化や習慣を知り、学級の子供たちに「みんな違って、みんないい」と話をすることで、このような行き違いによる間違いをなくすことができると思います。また、国には関係なく、日本国内で見ても、北海道と沖縄でマナーや習慣が異なることもあるでしょう。一人ひとりの違いに目を向け、互いに理解し合える関係づくりをしたいところです。

❸ 周りの子供たちに偏見や差別的言動が見られたら……

日本人の子供たちと外国人児童のトラブルの際には、「○○人なら○○に帰れ」という偏見・差別いっぱいの言葉がどうしても聞こえてきます。子供たち自身の言葉というより、周りの大人が言っていることをそのまま言っているのかな、と思ってしまいます。そうなると、外国人児童は、自分の国や母語を表に出したくないと考えるようになり、自己肯定感も低くなっていってしまいます。

そんな時は、日本は諸外国に支えられて成り立っていることや、日本で使われているもののルーツが諸外国にあることなどを、意図的に学習の中に組み入れることは有効です。「○○さんの国のおかげだ」「○○さんは自分の国のことをたくさん教えてくれた」といった感想や思いを引き出すことによって、外国人児童たちは、母国の文化に誇りをもてるようになるはずです。このような多文化共生の視点は、日本がグローバル化していくためには、大切な視点なのです。

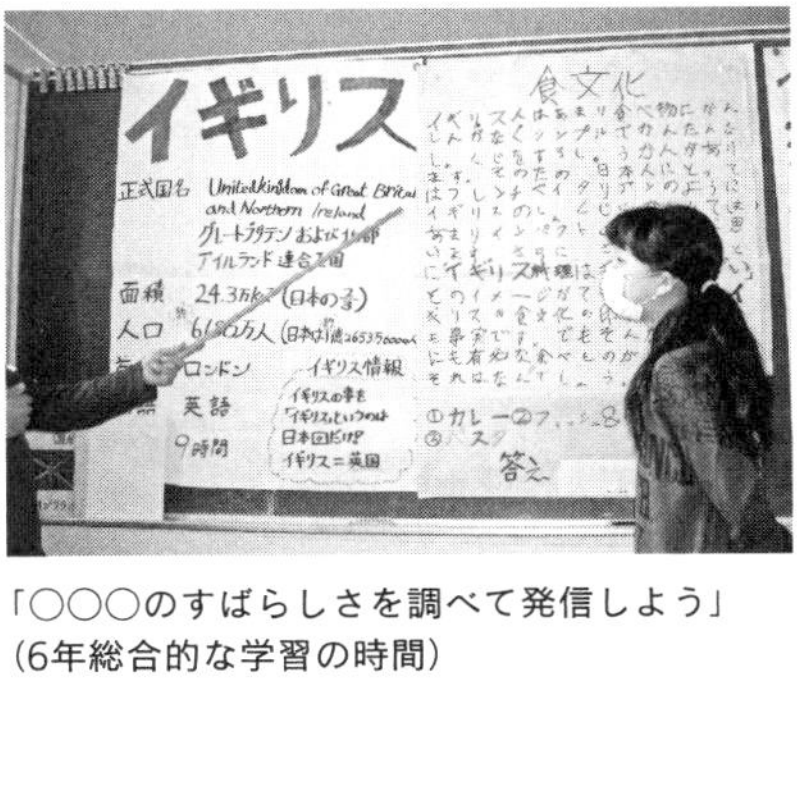

「○○○のすばらしさを調べて発信しよう」
(6年総合的な学習の時間)

Case 16

学級経営・生活指導②

生活や習慣の違いにどう対応する？

❶ 国が違えば、習慣も違う

日本人が外国の学校を訪れると、日本とは異なった文化に触れることが多々あります。登下校時も、スクールバスの利用や保護者の送迎が多く、子供たちだけで登下校することは御法度とされている国や地域もあるようです。また服装も、制服の場合や体操服の場合、かばんも背中に背負うタイプやキャリーバッグのようなタイプなど様々です。また、制服のように決められた物以外、例えば、髪型や髪の色、ピアスなどの装飾品、飲み物やおやつ、昼食などについては、各家庭で決めることとされていて、みな個性的でした。したがって、来日したばかりの外国人児童とその保護者にとっては、日本の習慣や常識のほうが非常識に思えることも珍しくないのです。頭ごなしに禁止や強制をせず、その目的や用途について丁寧に説明することが大切です。また、多数派である日本の子供たちにも丁寧に説明し、お互いの違いを認め、受け入れることができる雰囲気づくりをすることも大切です。

アメリカの通学かばん

❷日本の文化や習慣を理解してもらうために

以前、来日したばかりの外国人児童が、学校の帰りにランドセルからお菓子を取り出して食べている、ということがありました。日本では、学校に食べ物を持ってきて食べる習慣はなく、今後、友達とのトラブルが起こることが予想されました。

そこで、担任の先生は周りの子供たちに、日本以外の国や地域の学校では、学校の中にお店があって、文房具や食べ物を買うことができること、また、午前中の休み時間には持ってきたおやつを食べる習慣があることを話しました。そして、日本も以前は学校に購買部と呼ばれるお店があったこと、今でも一部の中学校や高校では、その習慣が残っていることなどについても話しました。その上で、その外国人児童とその保護者には、「日本の学校の給食は、一汁三菜で量も栄養も十分であること」などを説明して、学校にはお金やおやつを持ってこないという話をして理解してもらいました。

このように、外国人児童に関わる教職員や支援者、周りの子供、その外国人児童自身が、自分と異なる文化や習慣を知ることで、行き違いによる対立を軽減することができるのです。

Năm 2013 - Những qui định đối với học sinh Icho

Đây là các quy tắc quan trọng để các em học sinh trường tiểu học Icho có thể sinh hoạt hòa đồng với bạn bè và học hành chăm chỉ. Hãy đọc kỹ và ghi nhớ những qui tắc này để sinh hoạt trong nhà trường được thoải mái.

Đến trường	★Đi học ★ ・Giờ đi học là từ 8h ～8h20. ・Đi theo đường chính của chung cư để đi học. ・Nếu đã tới trường thì không được quay về nhà để lấy đồ quên. ・Khi chào hỏi những người ở địa phương, giáo viên và bạn bè thì phải tự mình chào hỏi trước. ・Giày đi trong nhà và giày đi ngoài trời phải để ngay ngắn vào tủ giày. ・Xếp dù lại cho ngay ngắn và để ở nơi qui định. ・Nếu đã tới trường thì vào lớp học để chuẩn bị bài vở. ・Khi nghỉ học hoặc đi trễ thì phải liên lạc cho nhà trường biết.
Giờ buổi sáng	★Giờ buổi sáng★ ・Thứ hai　hợp buổi sáng (8:30～8:50) ・Thứ ba　giờ đọc sách (8:20～8:50) ・Thứ tư　giờ thử thách (8:20～8:50) ・Thứ năm　tập hợp (8:30～8:50) ・Thứ sáu　giờ thử thách (8:20～8:50)
Trong giờ học	★Nói về dụng cụ học tập★ ・Trong lúc học sẽ sử dụng tấm lót ở dưới. Để có thể tập trung học thì nên chọn tấm lót trơn và không có hoa văn. ・Tham khảo các loạ ・ Hộp bút thì bỏ 6 tẩy hình vuông c ・Bút chì thì trước n ・Những thứ không chuyền, đồ treo ch ★Về cách nói chuy ・Giọng nói phải ph ・Sử dụng những lời ・Khi gọi tên của bạ ★Thể dục★ ・Đội mũ màu đỏ và ・Áo thể thao thì phả ・Khi trời lạnh thì c (loại áo không có ・Buộc tóc bằng nhữ ・Móng tay thì phải

「学校のきまり」ベトナム語版（横浜市立A小学校）

平成 25 年度[redacted]的规则

作为[redacted]的儿童、这是和同学友好生活、专心学习的重要规则。仔细读这个规则然后记住、心情舒畅的度过学校生活吧。

上学	★上学★ ・到校时间是 8 点～8 点 20 分。 ・上学要从中央道路走。 ・到校之后不回家取忘掉的东西。 ・自己开始向地域的人们或老师、同学打招呼。 ・把室内鞋. 室外鞋整齐地放进鞋箱里。 ・伞关好不让它开、然后放到指定的场所。 ・到校以后在教室里做学习的准备。 ・缺席或迟到时一定联系学校。
早晨的时间	★早晨的时间★ ・周一 朝会 (8:30～8:50) ・周二 读书时间 (8:20～8:50) 周三 挑战时间 (8:20～8:50) ・周四 集会 (8:30～8:50) ・周五 挑战时间 (8:20～8:50)
学习时	★关于学习用具★ ・学习时使垫板。垫板、能集中精力学习的素色比较好。 ・笔记本、参考学年指定的格或线来选择。 ・文具盒里放 6 根铅笔、1 根红铅笔、直线的尺（１５～２０ｃｍ左右的)、能擦干净的白色四方橡皮。 ・铅笔前一天在家里削好。 ・对学习没必要的东西不拿来。(手链. 项链. 钥匙链等) ★关于说话方法★ ・用适合时间和地点的声量说话。 ・用「～です」「～ます」等礼貌用语说话。 ・叫同学名字的时候加「さん」。 ★体育★ ・戴红白帽。帽子的松紧带、保持一直不松弛。 ・体操服的上衣、放进短裤里面。 ・冷的时候体操服上衣的外面可以穿长袖棉毛衫。 (不带帽子、拉锁、纽扣等的) ・到肩膀以下的头发用不带装饰的皮套扎起来。 ・指甲提前剪短。

「学校のきまり」の中国語版（横浜市立A小学校）

❸「掃除をしない……」ではなくて……!?

日本では、当番活動や掃除などのように生活面での学習も重視されていますが、他の国や地域では授業で取り上げることすらないことがあります。日本での掃除は、それぞれの役割を分担して行うことによって、協調性や責任感、規律なども学んでいるため、ただ「掃除をしなさい」ではなく、外国人児童とその保護者にも丁寧に説明して、理解してもらう必要があります。

また、日本の子供たちにも、「多くの国々では教室の掃除は、放課後に清掃業者が行う」など、他の国や地域の実情や価値観について紹介し、理解してもらうことも大切です。例えば、日本のハンバーガーショップでは、店内で食べ終わると、ゴミ置き場に分別して捨てるという習慣があります。海外では清掃員が常駐していることが多く、日本のようにお客さんが片付けようとすると、「私たちの仕事がなくなる」と言わんばかりに、怒られることがあります。まずは、教師が率先して掃除をして、「みんなできれいにすると、気持ちがいいね」「日本中をきれいにしたいね」という雰囲気づくりをすることが望まれます。

column

ステレオタイプの見方で接しない

「日本人は、みんなちょんまげを結っている!?」「大阪から来た人は、大阪弁を話すの?」のように、「○○人なら……、○○から来た人は……」という見方をステレオタイプと言います。外国から来日する子供の場合でも、生育歴や学習歴などによっては、話す言葉や能力に違いがあるのは当然のことなのです。「○○人だから……ができるでしょ?」のような決めつけや思い込みは、日本人同士を含めて慎んだほうがよいと思います。

特に、高学年から思春期にかけて、外国人児童たちは、国籍やアイデンティティに関して、複雑な思いをもつことがあります。外国人児童の中には、○○人としての自分を隠すことで、自己肯定感がもてずに、非行に走ってしまうという問題も多く見られます。私たちは日本人の子供たちも含めて、どの子に対しても一人の人間として接し、その子の特徴や多様性を認めて、自信をもってがんばれるよう支援することが大切です。

Case 17

学級経営・生活指導③

「欠席が多い」「不登校」「不就学」などへの対応は？

❶「今日も遅刻？」「今日も欠席？」

外国人児童の中には、遅刻しがちだったり欠席が多かったりする子供がいます。欠席の理由は様々ですが、外国籍特有のビザの更新などの諸手続きの他、保護者の通院や役所などでの手続きの際、子供を通訳として連れて行くために欠席させるということはよくあります。外国人児童の日本語能力の習得に比べて、保護者の多くは来日後数十年過ぎても、片言の日本語しか話せない方が多いためです。

このような場合、学校としては、外国人児童たちの学びを保障するために保護者に電話連絡をしたり家庭訪問をしたりする必要があります。保護者が日本語が苦手な場合は、自治体や教育委員会などと連携して通訳を派遣し、子供たちが安心して学習できる環境を整備することが大切です。保護者の中には夜勤で働いていて、朝、登校前の時間帯に、子供に関われない方もいるようです。そのような場合は、子供たちのよりよい成長に影響する朝食や睡眠などの大切さについて話し、子供たちに積極的に関わってほしい旨を伝えることが必要です。必要によっては、保護者の勤め先とも連携し、外国人児童とその保護者が安心して生活できる支援をすることが大切です。

❷「この時期に帰国？」……勉強、卒業はどうするの？

日本人の子供たちが、夏休みや冬休みを利用して、両親の故郷に帰省するのと同じように、外国人児童たちも両親の国に帰省することがあります。しかし、日本から外国に行く場合、学校や職場の長期休業の直前または期間中は、航空料金が高騰してしまいます。そこで、外国人の方々の中には、航空料金が高騰する前に帰省して長期間、故郷で過ごすという方がいるのです。

長期休業前には、授業参観や懇談会、個人面談などが予定されている学校も多いのが現状で、休業前の早い時期に帰国されてしまうと、大切なことが伝えられないばかりか、子供たちの学びを保障することができなくなってしまいます。保護者の中には、帰省する前に急に「せんせい、しゅくだい　ちょうだい」と要求される方もいますので、状況を見ながら事前に準備しておく必要があるかもしれません。

自治体によっては、日本在住期間が高校の入学選考試験に大きく影響する場合があるので、帰国する直前ではなくて、数週間前に学校に相談して届け出をするシステムを構築する必要もあります。

③ 不就学問題――学校に来ない子供たち

文部科学省は、2019年9月に、外国人児童生徒の就学状況について初めての全国調査の結果を公表しました。それによると、日本に住む義務教育相当年齢の外国籍の子供12万4049人のうち、15・8％に当たる1万9654人が、国公私立校や外国人学校などに在籍していない不就学の可能性があるということでした。その理由としては、「お金がないから」「日本語がわからないから」「弟妹の世話があるから」など、子供たち自身の原因だけでなく、家族環境なども影響しているようです。

また、実際には「外国人児童生徒には就学義務がない」という問題もありますが、日本国憲法第26条では「すべて国民は等しく教育を受ける権利」があり、保護者は子供に普通教育を受けさせる義務があると謳っています。もちろん、外国籍の子供たちは国民とは言えないかもしれませんが、1989年に国連総会で採択され日本も批准している「児童の権利に関する条約（子どもの権利条約）」では、日本国籍をもたない子供たちでも教育を受ける権利が保障されているのです。つまり、私たちは外国人児童たちの教育を受ける権利を国として保障していく必要があるのです。

Case 18

学級経営・生活指導④

アイデンティティをもてない子、自己肯定感が低い子への対応は？

❶「今日から名前が○○に変わります!?」

外国人児童にとって、「今日から、この名前で……」と突然名前が変わることは、よくあることです。来日した際に通称名として日本名に変える場合の他、日本国籍を取得した時、親の再婚の時などに変更する場合があります。また、「外国の名前だと、いじめられる」と思い込んで、名前を変更することもあるようです。入学時に急いで変更した場合、子供を変更後の名前で呼んでも、返事どころか反応すらできない、自分のことだと認識できていないということもあります。

以前は、役所で許可された場合、役所から学校側に記載を変更する旨の報告が届きました。しかし、現在では免許証や診察券・郵便物など、その通称名が社会的に認知されている証明を複数点、役所に持ち込んで手続きするようになったので、先に学校側に「この名前にしたい」と依頼されるようになったようです。時にはそれは日本人からすると違和感のある名前であることもあり、今後の日本での生活を見据えて、いっしょに考えてあげることもあります。名前は国籍と合わせて、アイデンティティとも関わる繊細な問題なので、保護者や本人の思いに配慮することが大切です。

❷「大きくなったら……?」将来の夢がもてない子供には

日本の子供たちも含めて、進路の選択をする中学校や高等学校卒業時は、その後の日本での生活の方向性を決める大切な時期になります。日本の家庭であれば、両親や兄弟、親戚などに相談して、自分の将来設計を見据えた進学希望を考えることができるでしょう。また、スポーツや芸術などを続ける意向で、進学先を選ぶこともあるでしょう。しかし、外国人保護者の場合は、日本の就労事情や高等学校・専門学校の情報に疎いという方もいて、子供の相談にのってあげることができないという現状があります。また、日本語が苦手なこともあって、無関心であったり、子供に対して「働いて家計を助けてほしい」と思ったりしている方もいるようです。

また、外国人児童生徒の中には、自分の将来像を想起できるロールモデルが身近にいない子供もいて、それが進路選択に影響している場合もあります。したがって、小学校高学年期のキャリア教育（↓p.78）の一環として、総合的な学習の時間などを活用して様々な業種の大人と出会い、自分の十数年後を想起できるような学習の機会を設定することが大切になってきます。

❸ 自己肯定感が低い子には

外国人児童の中には、国籍や母語・母文化、アイデンティティに関して、複雑な感情や思いをもっている子がいます。それは、育ってきた背景、生育歴などによって一人ひとり異なるものです。また、アイデンティティは、年齢や環境の変化とともに変容し、進学や就職、結婚などの節目でも揺れ動くものです。

「児童の権利に関する条約」には、子供自身のもつ文化的アイデンティティ・言語・価値の尊重に関する記述がありますが、日本ではそれらについてまだ十分な対応がなされていません。このままでは日本国内の日本語を母語としない子供たちは、何の対応もされないまま成長し、母語・母文化への意識を含む自尊感情の確認や育成がされない可能性もあります。

この状況を打破するためには、今後の日本の教育は、「日本人」であることを前提とした教育ではなく、民族少数者の文化的多様性や学習スタイルの多様性を尊重し、様々な言語文化を学習カリキュラムに取り入れるなどした「多文化教育」の構築を目指さなければならないと考えています。

1970年代後半からイマージョンプログラムが盛んになり、現在では様々な言語による約300のプログラムが小学校に設けられているとのことです。私が訪れたバデューゴウッドランズ小学校のような日本語イマージョンプログラムを実践している公立小学校も多くあるそうです。

またオーストラリアでは、各教科を日本語と英語の半分ずつで教える公立小学校があり、「日英バイリンガル学校」として注目されているそうです(「朝日新聞」2018・11・15)。子供たちは、学年が上がるにつれて日本語能力が上達するだけでなく、母語である英語の能力でも好成績を出していると報告されていました。

一方、日本の学校では、全ての学習を日本語で学習している現状があります(国語以外の科目を英語や中国語を用いて学習するイマージョンプログラムを実施している私立学校も数校あるようです)。それは、高等学校、大学以降の社会構造が多文化化されていないことなどが原因かもしれません。こうした現

column

移民大国アメリカのイマージョン教育

私は、外国人児童たちに長く日本語指導をしてきました。その経験の中で、日本語を獲得すればするほど母語を喪失し、親子間での会話が成立しない現状や、自分が何人なのか、どの国でどのようにして生きていくのかを見つけ出せないまま卒業する外国人の子供たちを目の当たりにしてきました。そこで、移民大国であるアメリカの言語教育を学ぶことで、日本語を母語としない外国人児童や保護者などに対する支援の方向性を見出したいと、「バイリンガル教育から見た日本語教育と継承語教育」というテーマを設定してアメリカに飛び立ちました。

私が研修したロサンゼルス郊外のグレンデール市にあるバデューゴウッドランズ小学校では、「日本語イマージョンプログラム」を取り入れていました。「イマージョンプログラム」とは、目標言語（この小学校の場合は日本語）を用いて授業科目を教える教育法のことです。目標言語を言語として教えるのではなく、学習の道具として学ぶことによって、学力の発達を促進しながら第二言語である目標言語を習得させるというものです。

2010年の国勢調査によると、アメリカでは英語以外の言語を家庭で用いている人は約4700万人おり、総人口の15％を上回る人々が英語以外の言語を第一言語としています。そこで、

状では、外国人児童が、高校受験を突破できるほどの日本語能力と学力を習得するには限界があります。そうすると、日本語でも母語でも理解できるバイリンガルの育成は、困難になることが予想され、現在の日本においては、イマージョンプログラムのような継承語教育を実現することは困難だと考えています。

日本で生活をしている外国人児童たちにとって、母語で学習するということは、日本語での学習内容を正しく理解するために必要であるということだけではなく、母語を保持することにつながる可能性があります。そのため、母語による学習は、その後の子供たち自身のアイデンティティの確立や自己肯定感の高揚、親子のコミュニケーションを円滑にするためには重要であると考えられます。

また、母語の保持は、第二言語としての日本語を学んだり、学校での様々な教科学習をしたりする上でも、とても重要な役割を果たしていると言えると思います。日本で生まれ育ち、母語を十分に習得していない子供や、母語を習得した後に就学の途中で来日した子供が増加する中、将来的には、日本語の補習だけではなく、母語を活用した学習のプログラム化が必要となってくるだろうと考えています。

column

日本語の言葉カードを使って文章づくり

日本語を使っての朝の会

＊p.110～113の写真は、米・バデューゴウッドランズ小学校の教室風景

Case 19

行事との関わり①

運動会ではどんな配慮が必要?

今年の運動会の
多言語スローガンは
4年生はベトナム語に
なりました。
じゃあ、
Mさんと
Nさんに
決まりだね。
Nさん
Mさん
…。
ベトナム国籍
えーっ、
私もベトナム語で
言ってみたかった
なぁ。
日本人がベトナム語を
話したら
おかしいで
しょ。
私は
できれば
やりたくない。
私も
はずかしい
…。
Mさん
Nさん
ではMさんとNさんは
先生役として、教えて
もらえますか?
それならば
協力します。
自分の国に
自信がないのかな…。
何とかして
自分の国に自信を
もってほしい…。

❶大きな行事ほど、母語・母文化を取り上げて！

外国人児童やその保護者にとっては、運動会や音楽会、校外学習などの学校行事への参加が、日本の学校文化に馴染めない原因の一つになっているそうです。p.84でも紹介しましたが、海外の学校では体育科を履修しない国も多く、運動会のように練習を重ねたり、勝敗を競ったりする集団活動に抵抗を感じることがあるようです。また、日本語がわからない子供や保護者にとっては、アナウンスや音楽、表示などが全て日本語であることで、楽しみより不安のほうが多い行事であるとも聞きました。

そこで私は、人が多く集まる大きな行事ほど、多文化共生の大切さを知ってもらえるよい機会だと捉え、外国人児童もその保護者も楽しむことができる運動会にするための取り組みを行いました。例えば、演技・競技内容やプログラム名を多文化的にアレンジしたり、運動会のスローガンを開会式の中で子供たちが関係する全ての国の言葉で発表したり、パネルにして会場入口に掲示したりしました。また、プログラムや各種表示（トイレ、自転車置き場など）を多言語して、配布・掲示しました。このような工夫によって、運動会を楽しみにして参加する方々が増えていったのです。

❷ 子供の多様性を活かした取り組み

私が横浜市立A小学校に勤務していた時の運動会で、子供自身が弁当を持参したり、昼頃に保護者がお弁当を持ってきて子供に手渡して帰ってしまったりする光景が見られました。また、保護者競技や地域種目に参加する外国人保護者は、あまり見かけませんでした。外国人児童にその理由を聞くと、「土曜日は仕事が休めない」「ルールや説明の日本語がわからない」「参加者を招集する日本語のアナウンスがわからない」などのことが原因だとわかりました。そこで、母語を保持している子供たちと相談し、次の年から保護者や地域の方が参加する種目の参加招集アナウンスを、母語を保持する子供たちが「多言語アナウンス」する工夫をしました。今までは人前で母語を話すことに抵抗があった子供たちも、多くの方から自分の話す母語をほめられたり、何より自分の親が笑顔で競技に参加する姿を見ることができたりしたことで、自分のアイデンティティに誇りをもつきっかけになったそうです。運営側にとっては、数か国語によるアナウンスは時間がかかりますが、子供たちの多言語アナウンスを楽しみに、毎年、外国出身の保護者の参加が増えてきたことをうれしく思います。

❸ 多文化共生への近道になる取り組みとして

運動会は日頃の子供たちの学習活動の様子を、保護者や地域に公開する大きな学校行事です。その中で、子供たちと保護者、地域をつなげるために、競技や種目を工夫して実践しています。横浜市立A小学校では、来場者も参加する全校ダンスで、子供たちの関係のある国の歌や踊りを取り入れる工夫をしていました。初めての運動会では、日本の伝統的な盆踊りをみんなで踊り、翌年の運動会からはPTAの外国人保護者や地域の方々に呼びかけ、順番にベトナム、中国、カンボジア、フィリピンの伝統舞踊を踊りました。日本の学校で自分の国の文化が取り上げられ、いっしょに練習して踊ったことに、外国人児童たちやその保護者はとても喜んでいました。また、地域で大切に守られ、在校生や卒業生も所属している団体に、昼のアトラクションとして「中国獅子舞」の演技をしてもらいました。

このように外国に関係のある方々の多様性を認め、民族的少数者が文化的アイデンティティを否定されることなく、対等な構成員として参加できる取り組みは、豊かで活力ある社会を実現する、多文化社会への近道だと思っています。

在校児童と卒業生による昼のアトラクション「中国獅子舞」(横浜市立A小学校)

各国語による運動会スローガン(横浜市立A小学校)

column

国が違えば、食文化も違って当たり前

私がI小学校に赴任して最初の運動会で気づいたことがありました。外国人児童とその保護者が、楽しいはずのお弁当の時間に、人目を避けて家族だけで昼食を食べていたのです。その保護者は、「子供が喜ぶような日本風のお弁当をつくることができない」と言い、子供からは「お母さんの国の食事をお弁当で持ってきてほしくない」というような言葉が聞かれる状況がありました。

そこで、文化の象徴である「食」について、家庭科や道徳、総合的な学習の時間などを通して異文化理解を深める時間を工夫しました。「国が違えば、料理の味も見た目も材料も変わるし、違って当たり前」という、多文化共生に大切な要素を意図的に取り上げた学習を行いました。

また、PTA活動の一環として、「〇〇国のお弁当をつくってみよう」や「日本的なお弁当づくり」というワークショップも行いました。その後の運動会では、外国人児童の保護者たちも母国の食事を持参して、日本人の保護者と交換したり、先生方もお裾分けをいただいたりするようになりました。日本とは異なる文化を肯定的に受け入れることは、我々日本人にとってもグローバルな視点での学びにつながると思います。

Case20

行事との関わり②

避難訓練・安全教育はどのように行う？

❶ 地震のない国から来た子供への訓練って!?

２０１１年3月11日、大きな揺れが襲い、子供たちは校庭へ避難しました。私が当時勤務していた横浜市立I小学校は、全児童の約7割が外国人児童でした。母国で大きな地震を経験したことがない外国人保護者は、スーパーで食品や生活用品を買い集め、避難場所であるI小学校の体育館に避難してきました。その後約数か月間、長い人で約1年間、子供たちだけを母国に避難させたご家庭もありました。

小学校では、このような地震に備え、また、火事や風水害、不審者対応など、様々な場面を想定し、避難訓練を行っています。しかし、外国人児童たちにとっては、突然のサイレンがとても衝撃的なようで、ショックで数日間欠席してしまう子もいます。そのため、日本語に不慣れな外国人児童の初めての訓練には母語通訳者などが寄り添い、訓練の意義や対応のしかたについて、子供の発達段階に応じて適切に教える必要があります。また、I小学校の学区にある外国に関係のある方々が多く住んでいる団地では、年に数回の防災訓練があります。子供たちが学校で学んだ災害から身を守るための方法や避難のしかたなど、子供から親に伝えるよい機会となっています。

❷ 子供を確実に保護者に引き渡すには

各小学校では、災害時に子供たちを学校に引き留め、保護者に迎えに来てもらって、確実に引き渡す訓練が行われています。一般的には、年度当初に「引き渡しカード」のようなものを提出してもらいます。そこには、引き渡しの際に来校する可能性のある方の名前を複数書くことになっています。つまり、「どこの、誰？」がわからない方には、子供を引き渡さないための工夫です。

多くの家庭では、両親や祖父母の名前を記入してきますが、外国人児童の保護者の場合、想像もしない方が来校することもあります。中学生が、学校を早退して、弟妹を迎えに来たこともありました。迎えに来るまで学校に引き留めるよう連絡してきて、夜になってから引き取りに来ることもありました。外国人児童の保護者の中には、正社員契約をしている方が少なかったり、正社員であっても有給制度などの福利厚生が整っていないことがあったりするため、引き取りは仕事を休んでまで行うようなことではない、と考えている方もいるようです。子供たちが安心して生活できるように、保護者の方には丁寧に説明して、理解してもらうことが大切です。

❸子供たちが日本で安全に生活するために

海外に行くと、歩道や横断歩道が整備されていない国が意外に多いことに驚いてしまいます。特に、近年、来日する方々が多い中国やベトナムでは、車やバイクが絶え間なく走る道路をいとも簡単に横断している人々を見かけます。そのような生活経験をしてきた人々の中には、来日後、歩道を歩き、信号が青になるまで待ち、横断歩道を渡ることに対し、抵抗がある人もいるようです。また、自転車の乗り方もけがや事故がなければ、多少の危険運転や接触事故は当たり前、と考えている方も少なくありません。そのため、子供たちには、警察署と協働した交通安全教室の中で、道路の歩き方や自転車の乗り方などの他、子供たち自身が加害者になる可能性についても必要に応じて話すことが大切です。また、特に外国人児童が多く在籍している学校では、外国人児童の保護者の方々にも交通安全教育に参加していただき、子供たちといっしょに体験をする機会を設定するとよいでしょう。

安全教室には外国人児童の保護者も参加

Case21

行事との関わり③

遠足・宿泊学習で気をつけることは？

❶「持ち物」の連絡は、慎重に！

特に、小学校に子供を初めて通わせる外国人児童の保護者に対して、図工や生活科などの学習で使用する用具・道具のような持ち物について連絡する場合、言葉だけではうまく伝わらないことがあります。各自の連絡帳に持ち物の一つ一つについて母語で記載することは困難なので、学年・学校便りなどに写真や絵図を入れて丁寧に説明する必要があります。

遠足や校外学習の場合のように、通常持参しないものを伝える際にも、工夫が必要です。来日したばかりの外国人保護者にお弁当が必要なことを伝えたところ、当日、食べ物が入っていない空の弁当箱を持参したということがありました。出発する前に、少なくとも弁当（箸も）と水筒の確認は必要です。また、水筒の中身も「お茶か水」と指定しないと、ジュース類を入れてきて、リュックサックの中で漏れて大騒ぎというのもよくある話です。他にも、シートと伝えると「大きなブルーシート」を、ペットボトルと伝えると「2ℓのペットボトル」を持ってくるなどの行き違いもあるので、絵や写真を添えたり、通訳を通して確実に伝えたりすることが望まれます。

❷「宿泊学習の持ち物チェック」は必須？

地域によっては、4年生頃から山や海での宿泊体験学習が予定されていることがあります。宿泊を伴う学習の場合は、通常、保護者説明会などを開催して、学習のねらい、同行者、日程、持ち物、緊急の連絡先などを説明します。宿泊に伴う料金は、できるだけ子供たちが持ってくることがないよう、説明会時に集金したいところです。

特に、持ち物であるリュックサック、水筒、お風呂セットや2日目の着替え、登山セット（薄手のジャンパー、軍手など）、廃棄できる容器に入れたお弁当など、実物を展示しながら、わかりやすく説明する必要があります。必要に応じて、購入できるお店なども紹介する工夫があります。

時折、おやつやゲーム、現金や携帯電話など必要のないものを持参することもあるので、説明に加えたほうがよいでしょう。また、必要なものがないと困るのは子供たちなので、事前に全ての荷物を持って登校し、持ち物チェックをすることも大切です。その際、グループごとに持ち物リストなどで確認するとよいでしょう。初めての宿泊学習の場合は、2回、持ち物チェックをしてもよいと思います。

❸「修学旅行は行きません」という子には

6年生で行われる修学旅行は、歴史遺産などの観光的な旅行や、農業や山村体験などの自然体験的な旅行など、地域によって工夫して行われているようです。その期間も、1泊2日または2泊3日と地域によって異なりますが、保護者には経済的な負担が大きい学校行事でもあります。学校としては、外国人児童の保護者に修学旅行の意義や子供の思いなどを説明したとしても、家計への負担から「不参加」を決断する家庭も出てきてしまいます。金銭的な問題のため、どうすることもできませんが、その時期になって一度に集金する以外にも、中学校や高等学校のように前年度から数回に分けて積み立てをするなど、できるだけ家庭への負担を少なくし、全ての子供たちが参加できるような工夫をする必要があります。また、学校の受け入れ時や学年当初の懇談会など、早い時期に伝えることが大切です。

事前学習として子供たちがパンフレットを作ったり、事後の学習としてパネル（写真）展や新聞にまとめたりする学習の場合には、どうしても参加することができなかった子供たちの気持ちも尊重して、配慮することが望まれます。

Case22

行事との関わり④

入学式や卒業式はどのように行う？

❶ 外国人児童とその保護者が安心できる入学式に

外国人児童の保護者たちは、我が子が日本の学校や日本社会にうまく馴染むことができるように望んでいます。その反面、それによって母語や母文化を忘れてしまうのではないかという不安も抱いています。多様な背景をもつ外国人児童たちへの教育の課題は多岐にわたっていますが、今後の日本の教育は、「日本人」であることを前提とした教育ではなく、民族少数者の文化的多様性や学習スタイルの多様性を尊重し、様々な言語文化を学習カリキュラムに取り入れることが求められています。

入学式においても、学校長やPTA会長が保護者に話すメッセージを母語で通訳したり、在校生代表のあいさつも母語で話したりする工夫をするとよいでしょう。他にも、会場に「入学（卒業）おめでとう」の多言語看板を設置したりする工夫などもあります。

入学式・卒業式のような大きな行事ほど、子供たちがメッセージを伝える際に、子供たちの国の文化や母語を紹介することが重要だと考えています。また、初めて小学校の校舎に入る子供たちだけでなく、保護者や祖父母の方々も安心できるよう、各言語でのあいさつ看板や、紹介コーナー、民族グッズ展示コーナーなどで、「一人ひとりの文化的背景を受け入れ、大切にしています」というメッセージを発信していきたいところです。

階段や昇降口を活用した多言語の取り組み（横浜市立A小学校）

みんなの国の紹介コーナー（横浜市立A小学校）

❷ 多様性の時代の中で輝ける人になってほしい

卒業に際しては、卒業証書に記載する名前と呼名する際の名前を正しく確認することが大切です。原則として、卒業証書には、指導要録に記載している本名を記載することになりますが、日本にはない文字だったり、名前を省略したりしていることなどもあるので、保護者に事前に書いてもらったものを確認しながら記載したいところです。ただし、卒業式の証書授与で呼名する際には、普段使用している通称名でも可能であることから、併せて確認する必要があります。

また、卒業式は、単に小学校生活の最後にみんなに祝福をしてもらう日というものではありません。卒業していく子供たちにとっては、今までお世話になった方々への感謝の気持ちを表すだけでなく、自分自身を見つめ直し、これからどのようにして生きていくのかについて考えるきっかけになる場だと思うのです。

外国人児童が多く通うA小学校では、保護者へ感謝の気持ちを伝えるために手紙を書いていました。保護者から母語を教えてもらうことはなかったけれど、支援者に助けてもらいながら、母語で自分の思いを書き、卒業式の朝に保護者に渡していました。

民族衣装で卒業式に参加する子供たち
（横浜市立一小学校）

外国人児童たちの中には、「〇〇人として の誇りや自信を大切に生きていきたい」という メッセージとして、ルーツがある国の民族衣装を着て参加する子もいました。

また、卒業生が呼びかけをする「門出の言葉」でも、日本語が苦手な保護者に対して、母語で呼びかけの言葉を言う子や手話で表現する子もいました。

このように、外国人児童の教育に携わる教職員は、彼らを日本人として育てるのではなく、将来、多様性の時代の中で活躍できる人材として、本来生まれもった特徴や多様性に自信をもつことができるよう支援をするべきなのです。

❸ 子供たち自身の成長のために、感謝を伝える場を！

外国人児童は、一般に自己肯定感が低い傾向が見られます。それは、自宅と自宅の外との異文化間を移動しているストレスや親子間の言語ミスコミュニケーションによる孤立感など、特に母語や母文化依存度が高い家庭ほど、その傾向が見られるようです。その結果、思春期を迎える頃になると、「誰にも大切にされていない（外国に関係がある）自分を好きになれない」と思うようになるのです。

そんな子供たちには、卒業間近の取り組みとして、これまでの自分の成長に関わってくれた保護者や地域の方々・在校生・教職員に対して、「感謝を伝える会」などの場を設定するとよいでしょう。それによって、多くの人との関わりの中で、自分が成長できたことを振り返り、これから自分たちががんばることが感謝の思いを表すことになると感じることができると思います。

また、家庭科の学習で保護者に感謝の気持ちを伝えるためにクッションや枕を製作し、「感謝を伝える会」の中で、手紙を添えてプレゼントしてはどうでしょうか。この場合、保護者の方が必ず来られるように配慮しながら行うことが大切です。

column

子供の学びを継続するための「引き継ぎ」

特に日本語能力に課題がある外国人児童生徒が転出する際には、子供たちの学びが継続できるように、学校間において丁寧な引き継ぎをする必要があります。2014年に学校教育法施行規則が改正され、日本語能力の測定ツールであるDLA（→p.191）の結果を受け、日本語指導の対象児童生徒の個別指導計画を作成する「特別の教育課程」が行われるようになりました。

その際、子供の生育歴や家庭環境などを記載する「個別の指導計画（様式1）」と日本語の保有レベルと学習の記録が記載された「個別の指導計画（様式2）」を作成し、転出・進学先に申し送りすることになっています。

特に、日本の取り出し学習をしている子供については、「話す・読む・書く・聞く」の4項目についての到達状況だけでなく、学習した内容について引き継ぐ必要があるかと思います。転入前の学校での学習記録がないと、学習内容が重複したり、子供の学習意欲の低下につながったりすることがあるので注意したいところです。また、海外の学校に転出する際には、その国の言語での学校在籍証明書が必要になることもあるので、早めに情報を聞き出して準備する必要があります。

Ⅱ

保護者への対応と地域との連携

Case23

最近の外国人保護者の傾向と問題とは？

❶ 保護者との円滑なコミュニケーションのために

外国人児童の保護者にやさしい日本語で丁寧に説明しながら「大丈夫ですか？」と聞くと「だいじょうぶ、だいじょうぶ」、「わかりましたか？」と聞くと「わかる、わかる」と、返事が返ってくることがよくあります。たとえ本当はわかっていなくても、ついそう答えてしまうのは、日本人が海外旅行へ行った際に、わかっていないのに「OK、OK」と言ってしまうことと同じなのです。日本が外国から人々を受け入れている以上、日本人つまりマジョリティ側がマイノリティの相手を尊重して、親身になって寄り添うことが多文化共生の原則だと考えています。

例えば、入学式や卒業式、運動会のような学校行事の前に、「何時に来ますか？」のように質問して内容を確認したり、式典中、学校長やPTA会長が保護者にメッセージを伝える際に、保護者がわかるように通訳を入れたりするなどの思いやりをもった対応をすることが大切です。例えば、私が勤務したA小学校では、入学式や卒業式などの際には、保護者席に日本語と母語で「ベトナム語通訳が必要な方」のように掲示して、同じ言語で通訳が必要な方ごとに座ってもらう工夫をしていました。

❷「先生に全て任せます！」という保護者には

外国人児童の保護者には、日々働くのに精一杯で、日本語を学ぶ時間の余裕もなく、滞在が長くなっても日本語が理解できない方が多いようです。また、学校のシステムがわからないために、学校に足を運びにくく、「先生に全て任せます」という方も多く見られます。

近年、来日する方が多いベトナムや中国など、多くの国の学校では、先生に対しての特別な思いから「先生の日」が設けられており、保護者や子供たちが感謝の気持ちを表しているそうです。つまり、学校や先生は特別なもので、日本のように頻繁に学校に行ったりするようなことはないため、学校や先生に「全てお任せ！」というようになってしまうようです。

学校としては、せめて小学校の6年間は、子供たちのよりよい成長のために、子供たちの教育に積極的に関わってほしいというメッセージを丁寧に説明したいところです。時には、外国人児童の保護者の勤める事業所とも連携して、保護者の方が子供たちの教育に向き合うことができるようにする工夫も必要でしょう。

❸ 子供の忘れ物が多い場合は……!?

日本語が苦手な外国人児童の保護者にとっては、子供の連絡帳を見て、子供が書いた文字から必要な情報を取り出し、翌日の準備をいっしょに行うなどということは、時間的にも言語的にも難しいと考えられます。そのため、考えられる年間の持ち物を書き出して母語に翻訳して保護者に渡したり、学年・学校だよりに絵や写真を添えて渡したり、電話で伝えたりするなどの工夫をする必要があります。宿題を「しゅ」、持ち物を「も」のように短縮して書くことも伝わらない原因になるので、注意が必要です。

また、手紙を渡して簡単に説明しただけでは、必要なことが伝わらなかったり勘違いされたりすることがあります。私たちの感覚では伝わると思ったことでも、日本での生活経験が短いことから、言葉から物を想起することが苦手だったり、日本語能力が低かったりするなどして伝わらないことが多々あるのです。このような場合の対応としては、先述したような支援の他にも、近所に住んでいる通訳ができる保護者に、時間がある時に助けてもらえるような支援体制を整備することなども考えられます。

❹手紙を配付する際に大切なこと

外国人児童の保護者は、滞日期間が長くなっても、漢字や日本語独特の表現がわからない方が多いようです。そのため、ユニバーサルデザインの視点から、配付する全ての手紙に、ひらがなのルビを付けている学校も多いようです。また、通訳者が常駐していたり翻訳するシステムがあったりする学校や自治体では、できるだけ母語に翻訳して配付し、確実に理解してもらおうとする努力も行われているようです。

パートタイムなどで働いているため、急な連絡に対して休みを取って学校に行くことが困難である外国人保護者のために、授業参観や懇談会、個人面談、家庭訪問などのような行事には、仕事のシフトが決まる少なくとも一か月前には手紙を配付する必要があると考えています。

また、日本は今のところは印鑑文化ですが、諸外国ではサインの文化が根付いています。プリントの下を切り取って提出する承諾書のようなものや音読カード、水泳カードのようなものに外国人児童の保護者の確認を求める際には、ぜひ「サイン／印」として、サインでも認められるようにしてほしいと思います。

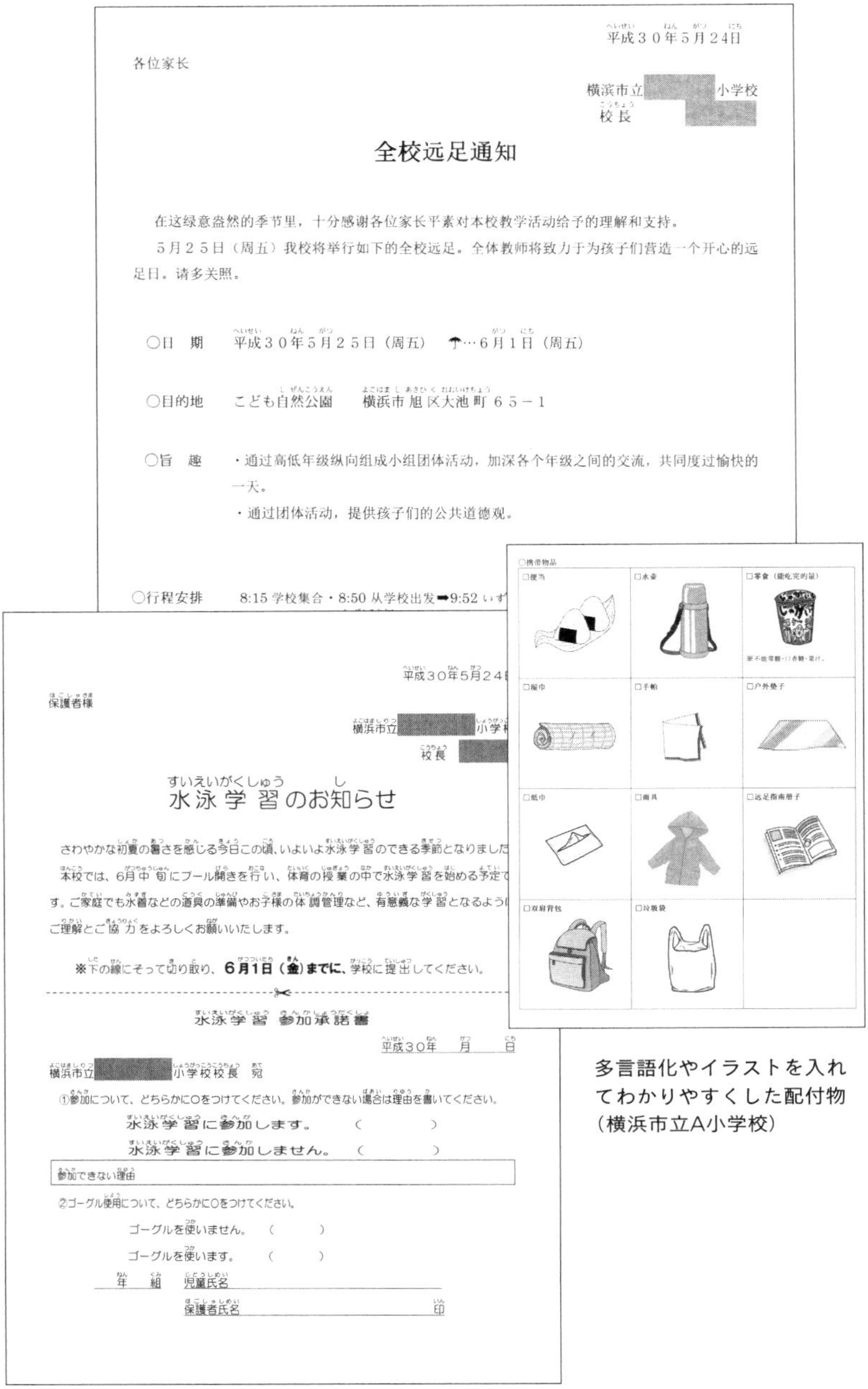

平成《へいせい》３０年《ねん》５月《がつ》２４日《にち》

各位家长

横浜市立[redacted]小学校
校長《こうちょう》[redacted]

全校远足通知

在这绿意盎然的季节里，十分感谢各位家长平素对本校教学活动给予的理解和支持。

５月２５日（周五）我校将举行如下的全校远足。全体教师将致力于为孩子们营造一个开心的远足日。请多关照。

○日　期　平成《へいせい》３０年《ねん》５月《がつ》２５日（周五）　☂…６月《がつ》１日《にち》（周五）

○目的地　こども自然公園《しぜんこうえん》　横浜市《よこはまし》旭区《あさひく》大池町《おおいけちょう》６５－１

○旨　趣　・通过高低年级纵向组成小组团体活动，加深各个年级之间的交流，共同度过愉快的一天。
・通过团体活动，提供孩子们的公共道德观。

○行程安排　8:15 学校集合・8:50 从学校出发➡9:52 いず…

○携带物品
□便当　□水壶　□零食（能吃完的量）
※不能带糖・口香糖・果汁。
□握巾　□手帕　□户外垫子
□纸巾　□雨具　□远足指南册子
□双肩背包　□垃圾袋

平成《へいせい》30年《ねん》5月《がつ》24日…

保護者様《ほごしゃさま》

横浜市立《よこはましりつ》[redacted]小学校《しょうがっこう》…

校長《こうちょう》[redacted]

水泳学習《すいえいがくしゅう》のお知《し》らせ

さわやかな初夏《しょか》の暑《あつ》さを感《かん》じる今日《きょう》この頃《ごろ》、いよいよ水泳学習《すいえいがくしゅう》のできる季節《きせつ》となりました…

本校《ほんこう》では、6月中旬《がつちゅうじゅん》にプール開《びら》きを行《おこな》い、体育《たいいく》の授業《じゅぎょう》の中《なか》で水泳学習《すいえいがくしゅう》を始《はじ》める予定《よてい》で…す。ご家庭《かてい》でも水着《みずぎ》などの道具《どうぐ》の準備《じゅんび》やお子様《こさま》の体調管理《たいちょうかんり》など、有意義《ゆういぎ》な学習《がくしゅう》となるように…ご理解《りかい》とご協力《きょうりょく》をよろしくお願《ねが》いいたします。

※下《した》の線《せん》にそって切《き》り取《と》り、**6月1日《がつついたち》（金《きん》）までに、**学校《がっこう》に提出《ていしゅつ》してください。

✂ -

水泳学習《すいえいがくしゅう》　参加承諾書《さんかしょうだくしょ》

平成《へいせい》30年《ねん》　月《がつ》　日《にち》

横浜市立《よこはましりつ》[redacted]小学校校長《しょうがっこうこうちょう》　宛《あて》

①参加《さんか》について、どちらかに○をつけてください。参加《さんか》ができない場合《ばあい》は理由《りゆう》を書《か》いてください。
水泳学習《すいえいがくしゅう》に参加《さんか》します。　（　　　）
水泳学習《すいえいがくしゅう》に参加《さんか》しません。　（　　　）

参加《さんか》できない理由《りゆう》

②ゴーグル使用《しよう》について、どちらかに○をつけてください。
ゴーグルを使《つか》いません。　（　　　）
ゴーグルを使《つか》います。　（　　　）

年《ねん》　組《くみ》　児童氏名《じどうしめい》
保護者氏名《ほごしゃしめい》　印《いん》

多言語化やイラストを入れてわかりやすくした配付物（横浜市立A小学校）

Case24

保護者に行事に参加してもらうには？

❶ 運動会に来てほしい！

運動会などの学校行事についてのお知らせを多言語で配付しても、日本での生活経験が短かったり、学校行事に参加したりした経験のない外国人保護者の方々にとっては、貴重な休日をつぶしてまで参加しようという気になかなかなれないのかもしれません。つまり、日本語が苦手な外国人保護者の方々にとっても、参加することが楽しみな魅力的な内容になるように工夫しなければならないのです。そのためには、「日本の学校だから、日本的に……」ではなくて、「いろいろな国の方がいるので、いろいろな国のよいところを取り上げよう！」というねらいで取り組むべきだと思います。

具体的に言えば、放送や各種表示は多言語で行う、日本を含めたいろいろな国の文化を競技や演技に取り入れる、母語を保持している外国人児童たちの母語能力を発揮できる場を設定する、日本人保護者と外国人保護者が協働して取り組むことができる競技や作業などを意図的に計画する、などが考えられます。具体的にアンケートなどを通じて、外国人保護者の思いや願いを聞くことも大切です。そのように多様性を尊重できる姿勢こそが、日本人のグローバル化にもつながる支援だと思います。

❷ 家庭訪問を確実に行いたい！

最近は、家庭訪問を行う学校が減ってきていますが、外国人児童が多く通う学校では、とても大切で意義のある取り組みの一つと考えています。学級担任の4月の仕事はとても多く、この時期の配付物も家庭環境調査票、災害・緊急時連絡票、ＰＴＡボランティアカード、健康手帳、就学手当申込書など、多岐にわたります。しかも家庭で記入後に署名捺印して回収するものが多く、特に日本語が苦手な外国人保護者の場合、いつまで経っても書類が提出されないということになります。このような時は、家庭訪問時に通訳を通して確実に回収するのが有効です。

また、届けられている住所に行ってみると、実際には違う住所で生活していたり、調査票には記載されていない人たちと同居していたりと、訪問しなければわからない事情を把握することもできます。母国で長く生活した後に来日した外国人の中には、母国での生活習慣から抜け出すことが難しくて、日本の生活に適応できない方もいるようです。子供たちが安心して生活できるようにするためには、このような家庭の状況を正確に把握し、支援していくことが重要なのです。

❸ ＰＴＡ活動に参加してもらうには

外国人児童が多く在籍している学校では、外国人児童の保護者が学校教育に関心をもてるように工夫をする必要があります。例えば、ＰＴＡ役員という負担のある立場には、日本人も含めてなかなか立つことができません。そこで、「ＰＴＡ役員」を「ＰＴＡ代表」に変更し、外国人保護者を含めた複数名で行う方法があります。そうすることによって、ＰＴＡ発信の情報については、母国別のコミュニティを活用して伝え、共有し、実践することができます。また、通常、各学級の学級委員、保健委員、広報委員、校外委員などは、月に1回程度学校に集まり、活動していることと思います。多くの学校では、昼間に活動することが多いようですが、外国人保護者の方々は昼間の活動にはなかなか参加できない場合が多いので、外国人保護者の方でも参加しやすい夕方から夜の時間帯に行う方法もあります。その場合、子供を家に置いてくることができない家庭のために、キッズルームを設置する工夫も考えられます。同様に、学級懇談会も、日中だと参加できる人がほとんどいないという場合は、「夜の懇談会」を開催すれば、外国人保護者も参加しやすくなります。

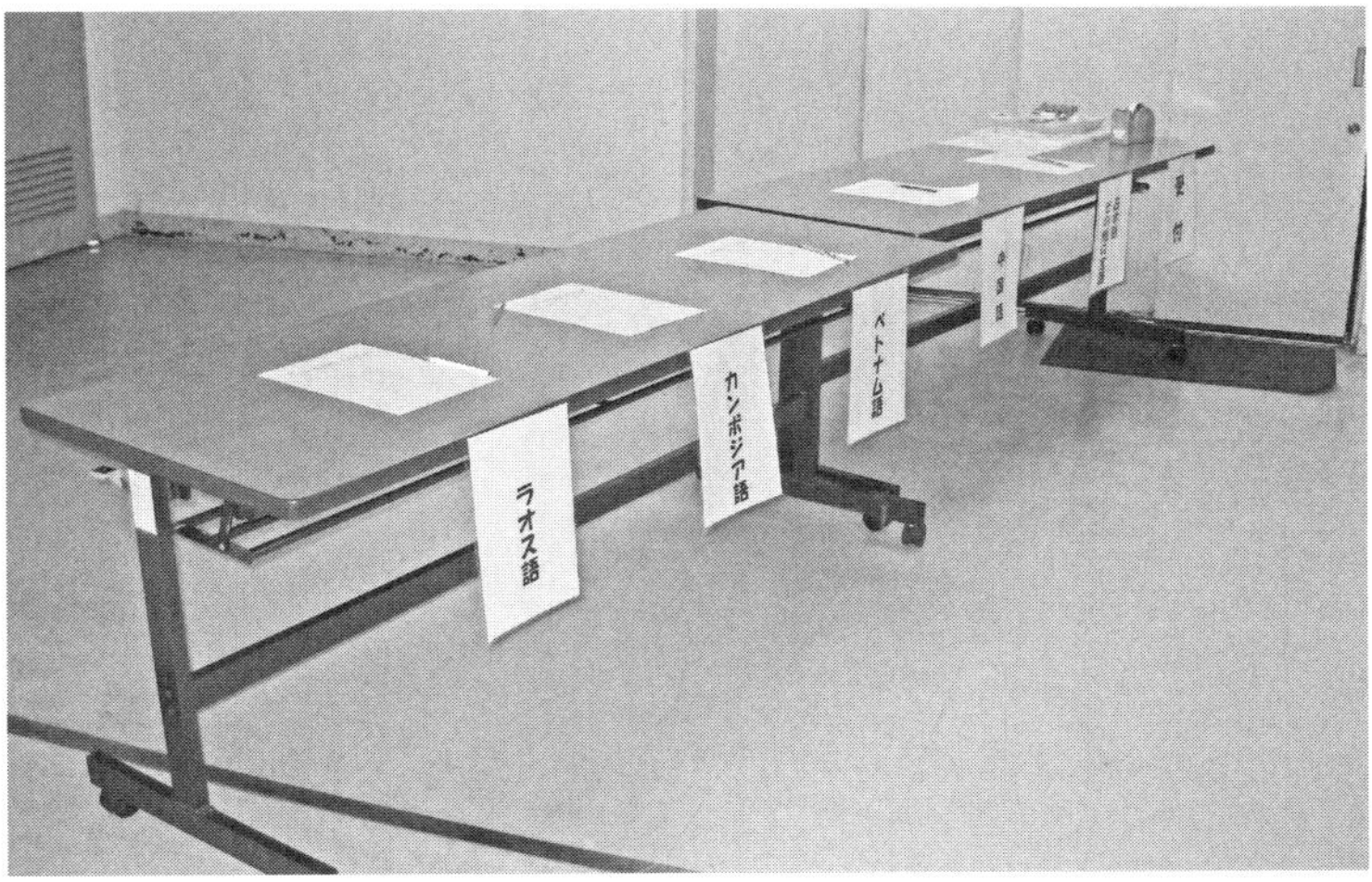

夜の懇談会の受付（横浜市立Ｉ小学校）

参加者が少ない場合は、複数言語で開催

❹日本人保護者の意識を変えるには？

国内外の現在の様々な状況から考えると、来日した外国人への配慮・支援だけでなく、もしかしたら外国の方々を受け入れる、いわばホームグラウンドに立つ日本人への支援、意識改革のほうが必要になってきているのではないかと思います。かつて横浜市では、全児童の約8割が外国人児童というI小学校と、外国人児童が約3割のB小学校が統合してA小学校となりました。B小学校に通っていた子供の保護者からは、外国人児童の保護者への不満や多文化共生を柱とした学校運営方針に不安の声が寄せられました。そこで、日本人保護者に異文化理解の必要性を啓蒙するために、「少子高齢化を迎える日本の将来」「この地域に、なぜ外国に関係のある方が多いのか」「子供たちに対してどのようなことを期待し、どんな取り組みをしているのか」「日本を含めた先進国の取り組み」などを「国際教室だより」（↓P.148〜149）として発信しました。数年間続けた結果、日本人保護者からは、「報道されない話題に、正直驚いている」「学校で行う多文化的な取り組みのねらいがよくわかった」というような感想もいただき、少しずつ多文化共生が図られるようになりました。

国際教室《こくさいきょうしつ》だより　01/07/2016　NO.3

世界へはばたけ [redacted] の子

4月《がつ》、6月《がつ》の「国際教室《こくさいきょうしつ》だより」でご紹介《しょうかい》してきましたが、本校《ほんこう》では日本《にほん》の子《こ》どもも外国《がいこく》につながる子《こ》どもも、違《ちが》いを認《みと》め合《あ》い、共《とも》に仲《なか》よく生活《せいかつ》できる「多文化共生《たぶんかきょうせい》の学校《がっこう》づくり」を推進《すいしん》しています。また、本校《ほんこう》の委員会活動《いいんかいかつどう》には『多文化共生委員会《たぶんかきょうせいいいんかい》』があり、5・6年生《ねんせい》8名《めい》の児童《じどう》で活動《かつどう》しています。今月号《こんげつごう》では、その多文化共生委員会《たぶんかきょうせいいいんかい》の活動《かつどう》を紹介《しょうかい》します。

多文化共生委員会《たぶんかきょうせいいいんかい》では、

『日本《にほん》の子《こ》どもも外国《がいこく》につながる子《こ》どもも、仲《なか》よく生活《せいかつ》できる学校《がっこう》にしよう』

というめあてを設定《せってい》して、様々《さまざま》な活動《かつどう》を行《おこな》っています。また、活動《かつどう》をすすめるときには、「相《あい》手《て》の目《め》を見《み》て話《はな》す」ことをを大切《たいせつ》にしています。事前《じぜん》にセリフづくりをし、何度《なんど》も練習《れんしゅう》して覚《おぼ》え、リハーサルをし、自信《じしん》をもって発表《はっぴょう》をしています。

【4月《がつ》】

国際理解教室《こくさいりかいきょうしつ》で英語《えいご》を教《おし》えていただくスリランカ出身《しゅっしん》の[redacted]先生《せんせい》、そして外国語活動《がいこくごかつどう》で英語《えいご》を教《おし》えていただくアメリカ出身《しゅっしん》の[redacted]先生《せんせい》の歓迎集会《かんげいしゅうかい》を行《おこな》いました。全校《ぜんこう》の子《こ》どもたちに、スリランカやアメリカのすばらしさを感《かん》じてもらい、英語学《えいごがく》習《しゅう》を楽《たの》しく取《と》り組《く》むことができるように、歓迎集会《かんげいしゅうかい》の中《なか》で、「スリランカクイズ」や「アメリカクイズ」をしました。

国際理解教室《こくさいりかいきょうしつ》の[redacted]先生《せんせい》

【5月《がつ》】

校内《こうない》スピーチコンテストの運営《うんえい》をしました。司会《しかい》、開会《かいかい》の挨拶《あいさつ》、クラス代表児童紹介《だいひょうじどうしょうかい》、審査員紹介《しんさいんしょうかい》、感想発表《かんそうはっぴょう》、閉会《へいかい》の挨拶《あいさつ》というプログラムの中《なか》で、感想発表《かんそうはっぴょう》だけは、事前《じぜん》にセリフを作《つく》っておくことはできませんでした。当《とう》日《じつ》の発表《はっぴょう》を聞《き》きながら、クラス代表《だいひょう》の友達《ともだち》それぞれのよかったところ、すばらしかったところなどをメモに取《と》り、全校《ぜんこう》の前《まえ》で堂々《どうどう》と発表《はっぴょう》しました。

学校代表《がっこうだいひょう》に決《き》まったのは、6年《ねん》2組《くみ》の[redacted]さん。総合的《そうごうてき》な学習《がくしゅう》の時間《じかん》に、地域《ちいき》に住《す》む中国帰国者《ちゅうごくきこくしゃ》の方《かた》から伺《うかが》った話《はなし》をもとに自分《じぶん》の家族《かぞく》にインタビューをし、国際平和《こくさいへいわ》のために、自分《じぶん》ができることをスピーチしました。[redacted]さんは、6/22（水《すい》）に泉公会堂《いずみこうかいどう》で行われた泉区国際平和《いずみくこくさいへいわ》スピーチコンテスト予選会《よせんかい》で、見事《みごと》、最優《さいゆう》秀賞《しゅうしょう》をいただき、7/26（火《か》）に行《おこな》われる市大会《したいかい》に泉区代表《いずみくだいひょう》として参加《さんか》します。

国際教室だより（ウラ）

15/04/2016 NO.1

【6月《がつ》】

本校《ほんこう》では、12月《がつ》の世界人権週間《せかいじんけんしゅうかん》に合わせて、人権募金《じんけんぼきん》を行《おこな》っています。昨年集《さくねんあつ》められた53,622円《えん》は、カンボジアの2人《ふたり》の友達《ともだち》に自転車《じてんしゃ》と2人《ふたり》の友達《ともだち》の1年間《ねんかん》の学校《がっこう》の費用《ひよう》に活用《かつよう》したことを報告《ほうこく》しました。自転車《じてんしゃ》を送《おく》られた2人《ふたり》の学生《がくせい》からは、お手紙《てがみ》を添《そ》えてお礼《れい》の手紙《てがみ》が届《とど》いたので、各学級《かくがっきゅう》に掲示《けいじ》してもらうパネルをつくり配布《はいふ》しました。

委員会児童《いいんかいじどう》がつくった配布《はいふ》パネル

【今後《こんご》の予定《よてい》】

後期《こうき》は、運動会《うんどうかい》や3校児童生徒交流会《こうじどうせいとこうりゅうかい》、募金活動《ぼきんかつどう》と大《おお》きな取組《とりくみ》が予定《よてい》されています。運動会《うんどうかい》では、みんなで友達《ともだち》の国《くに》の文化《ぶんか》を体験《たいけん》し、そのよさを実感《じっかん》するという活動《かつどう》を設定《せってい》しています。中《なか》でも、事前《じぜん》に全校《ぜんこう》ダンスを練習《れんしゅう》し、運動会本番《うんどうかいほんばん》はダンス実行委員会《じっこういいんかい》といっしょにダンスを踊《おど》る予定《よてい》です。

また、12月1日《がつついたち》（木《もく》）に行《おこな》う人権集会及《じんけんしゅうかいおよ》び3校児童生徒交流会《こうじどうせいとこうりゅうかい》では、この地域《ちいき》に住《す》んでいる友達《ともだち》の国《くに》の現状《げんじょう》を紹介《しょうかい》し、わたしたちにできる支援活動《しえんかつどう》について提案《ていあん》します。3校児童生《こうじどうせい》徒交流会《とこうりゅうかい》は、2校《こう》から約《やく》100名《めい》の友達《ともだち》が集《あつ》まって、多文化的《たぶんかてき》なイベントをして盛《も》り上《あ》がる交流会《こうりゅうかい》です。今年《ことし》は本校《ほんこう》が幹事校《かんじこう》となり、カンボジアやベトナムの紹介《しょうかい》とともに、募金活動《ぼきんかつどう》について呼《よ》びかけます。

また、募金《ぼきん》とは別《べつ》に**年間《ねんかん》を通《とお》して書《か》き損《そん》じはがきやテレフォンカード等《など》も集《あつ》めています**。集《あつ》められたものをお金《かね》にかえて、アジアの貧《まず》しい子供達《こどもたち》を支援《しえん》している『民際《みんさい》センター』と協働《きょうどう》し、カンボジアやベトナムの友達《ともだち》のために使用《しよう》しています。ご協力《きょうりょく》お願《ねが》いいたします

生活協同組合《せいかつきょうどうくみあい》パルシステム神奈川《かながわ》ゆめコープとの協働事業《きょうどうじぎょう》

大和《やまと》コープでは、公益財団法人《こうえきざいだんほうじん》『民際《みんさい》センター』のメコン地域《ちいき》で学校《がっこう》に通《かよ》うことのできない子《こ》どもたちへの就学支援《しゅうがくしえん》に賛同《さんどう》し、書《か》き損《そん》じはがきの提供《ていきょう》を組合員《くみあいいん》に呼《よ》びかけているそうです。集《あつ》まった書《か》き損《そん》じはがきは、郵便局《ゆうびんきょく》で切手《きって》に交換《こうかん》し、ベトナムやカンボジアなどの子《こ》どもたちの就学支援《しゅうがくしえん》に役立《やくだ》てているそうです。

昨年《さくねん》2月《がつ》には、大和《やまと》コープの組合員《くみあいいん》の方《かた》が本校《ほんこう》を訪《おとず》れ、多文化共生委員会児童《たぶんかきょうせいいいんかいじどう》といっしょに、約《やく》3万枚《まんまい》をこえる書《か》き損《そん》じはがきを、種類《しゅるい》ごとに分類《ぶんるい》しました。本校《ほんこう》だけでは、2～3人分《にんぶん》しか集《あつ》まらないのに、この日《ひ》だけで34人分《にんぶん》の就学支援《しゅうがくしえん》に充《あ》てられたことを一同大変驚《いちどうたいへんおどろ》いていました。

昨年本校《さくねんほんこう》では、年間《ねんかん》を通《とお》して書《か》き損《そん》じはがきを集《あつ》めさせていただきました。最終的《さいしゅうてき》には5,200円分《えんぶん》の切手《きって》に換《か》えることができて、民際《みんさい》センターを通《つう》じてカンボジアの子《こ》どもの就学支援《しゅうがくしえん》のために活用《かつよう》していただきました。**今年《ことし》の人権募金《じんけんぼきん》は、12月5日《がついつか》（月《げつ》）～9日《ここのか》（金《きん》）、書《か》き損《そん》じはがきは年間《ねんかん》を通《とお》して集《あつ》めさせていただいております。どうかご協力《きょうりょく》の程《ほど》、お願《ねが》いいたします。**

「ゆめコープ」の冊子《さっし》に紹介《しょうかい》されました

Case25

学校と地域との連携をどう進める？

❶ 学校の取り組みを積極的に地域に発信しよう！

外国に関係のある人が多く集住している地域では、ゴミの出し方などの生活のルールの違いが問題になることがあります。地域の中で日本人と外国に関係のある方々が衝突し、お互いに認め合うことができない関係になってしまうと、その地域の中にある学校も、同じような状況になってしまうでしょう。

そのような地域では、外国に関係のある方々と共生し安心して生活するための取り組みについて、自治会を中心に、生活を支援する自治体や社会福祉協議会、各種ボランティア、そして学校職員などが話し合う場を設置する工夫が必要です。その中で、学校として日本人と外国人児童やその保護者が共生できるために取り組んでいることを地域に向けて積極的に発信していきます。学校の中と地域の双方で、同じ目線での取り組みを実践することによって、子供たちが「共生のメッセンジャー」として活躍できる場が広がっていくのです。

学習でまとめたことを地域に発信
(4年社会科「住みよいまちづくり」)

❷ 地域の人々をつなぐ「あいさつロード」

地域の懇談会で、町の方から「仲よくしようと外国人にあいさつしても、無視される」と相談を受けました。「何語であいさつをしたのですか」と尋ねると、「日本語に決まってるだろう！　日本人なんだから」とのこと。そこで、I小学校では「みんなの国のあいさつ運動」として、お互いの国の言葉であいさつができるように、毎朝、学校長が様々な国の言葉であいさつをしていること、相手の国の言葉であいさつすることによって、互いの「垣根」が低くなり、仲よくなれることを紹介しました。

そして、地域の方々が毎日通る学校の敷地の壁面に、日本語と各国語で「おはよう」「こんにちは」「ありがとう」などの言葉を書き入れた各国の象徴的な絵を描いて、この場所ですれ違った相手の国の言葉であいさつをする、という「あいさつロード」をつくりました。統合後の現在も、この「あいさつロード」の壁画は、地域の多文化共生を象徴するモニュメントとして、住民の方々に大切にされています。

壁面に各国のあいさつが書かれた「あいさつロード」

❸地域の中で育つ子供たちのために！

休日を含めて、子供たちは一日の大半を地域で過ごします。私の住んでいるまちでも、地域の方々にとって、子供たちの存在は生活に癒しと活力を与えてくれるようで、よいことをしているとほめ、悪いことをしていると注意し、誰もが安心して生活できるまちづくりをしています。

地域の中にある学校だからこそ、学習の題材を地域の工夫や課題から設定し、学んだ成果を地域に向けて発信することも大切です。また、学校で行われる様々な学習にも、地域の方々にゲストティーチャーや支援者として関わっていただき、「顔と顔が見える関係づくり」をすることも大切になってきます。運動会のお手伝い、交通安全教室のアシスタント、田植えの先生、わら細工の講師、昔遊びの名人など、工夫次第で多くのみなさんと関わることができるのです。

特に、外国人児童にとっては、このような人と人の関わりによって様々な経験を重ねることで、言葉を育み、成長していくと考えています。そのためにも、学校として地域に目を向け、よい関係性を構築しておく必要があるのです。

Case26

地域と連携した家庭支援の方法とは？

❶ 地域のボランティアと連携した支援活動を！

日本語が全くわからない外国人児童及び保護者が転入した際に、外国人への対応が整備されている自治体や外国人児童が多く在籍している学校では、通訳派遣制度や常駐の通訳がいることがあり、適切に受け入れをすることができます。本来ならば、外国人を受け入れている日本政府が行うべき支援策なのですが、全国の多くの小学校では、転入の手続きから学習の支援、保護者への生活支援等について、学校職員だけで対応していることが多いようです。

私が勤務した小学校の隣には、多様な文化背景をもつ方々が、それぞれの個性を出し合い、ともに楽しく暮らせる「まち」をつくることを目的としたボランティア団体がありました。近隣の幼保小中学校と協働したプレスクールや放課後の学習教室、夏休み学習教室、中高生学習教室、高校進学ガイダンスのような子供たちへの支援の他にも、多言語生活相談、自治会等の団地掲示物・配付物の多言語化、平日の午前中と夜に開催する日本語教室のような保護者への支援も行っていました。各学校で、このようなボランティアの力を積極的に活用していくとよいと思います。

❷ 地域のコミュニケーションを活性化するために

私が以前、勤めていた外国人児童が多く在籍していた小学校がある地域では、ボランティアとして活動している大学生や地域の方々・退職した社会人などのサポーターで、ベトナム語やカンボジア語に興味がある方に向けて、「多言語教室」を開催していました。この教室で学んで、支援する相手の言語が少しでもわかると、互いの距離がグッと近づくそうです。

また、外国人の方々と地域に住んでいる日本人が多文化交流できる機会として、年に一度の団地祭りの催しの一環で、「多文化共生交流会」が企画・運営されています。ここでは、毎年、日本を含めて、様々な国の伝統的な踊りを紹介してもらい、参加者全員で体験したり、祭りに出店している各国料理の紹介と試食会、民族衣装のファッションショーなどを行ったりして盛り上がります。様々な多文化交流の中でも、「食と音楽（踊り）」を取り上げた交流は大変盛り上がり、コミュニケーションを活性化するには効果的なのだそうです。日本文化を代表する盆踊りを参加者全員で踊ったり、餅つきをして食べたりすることも、外国出身者の方々には人気があるようです。

❸「まち」の多文化的な交流活性化を目指して

来日した外国人の方々にとっての「ふるさと」は、生まれ育った母国であり、日本の中に自分たちの居場所がないと思っている人も少なくないようです。そこで、私が長年勤めていたI小学校の近くにある県営団地を「日本のふるさと」と感じてもらえるように、ボランティア団体が中心となって環境を整備しているそうです。p.152でも紹介しましたが、I小学校（現在は閉校）の壁面に、日本、中国、カンボジア、ベトナム、ブラジル、ラオスを象徴した絵とそれぞれの国のあいさつを描いた「あいさつロード」をつくり、「この壁画の前ですれ違った方と、その方の国の言葉であいさつをしよう！」という『あいさつロードプロジェクト』にも取り組んでいるそうです。団地の方々は、壁画の前をきれいに掃除したり、壁画の前で写真を撮ったりと、今では団地のモニュメントとして、住民に大切にされているようです。また、閉校したI小学校の畑を利用して、様々な国の野菜を育てる「多文化農園プロジェクト」にも取り組んでいます。食を通して、いろいろな国の方々が交流できる機会を設定しているそうです。

column

地域住民の安全を守る「外国人防災リーダー」

私が勤務したＩ小学校の学区にある県営団地では、住民約5000人の3割弱を中国やベトナム、カンボジア、ラオスなどの外国人が占めており、言葉の壁が災害時の情報伝達などの支障となるという課題がありました。そこで、日本語が得意な外国人住民やＩ小学校の卒業生、外国人の生活支援を行っているボランティアの有志が2006年から地域の消防署と協働して「外国人防災リーダー」として活動を始めました。

外国人防災リーダーは、外国人居住者に応急手当てや救助資機材の使い方を伝授するとともに、多言語による災害情報の発信、地域の防災訓練やイベントでの心肺蘇生法・AED講習などを行っています。団地内では、日本人居住者の高齢化が進んでいるため、若者を地域活動に引き込むことで、団地の活性化につなげるねらいもあるそうです。

また、地域の消防署は、引き続きこれらの活動を後押ししていく考えで、発足式ではメンバー全員にエンブレムの入った帽子と認定証が贈呈されました。ベトナム国籍のメンバーは「住民の防災への関心は少しずつ高まっている。いざという時に力になりたい」と意気込みを語りました。

Ⅲ

多文化共生社会と外国人児童支援の課題

1 今後の日本社会はどう変わる？

2100年には日本の人口は半減する?!

日本は2008年の1億2808万人をピークに人口が減少に入り、日本の国勢調査人口を基準にした人口推計によれば、2065年には、約8808万人になると予測されています（日本の将来推計人口〈平成29年推計〉国立社会保障・人口問題研究所）。また、世界でも、前例がないスピードで少子高齢化が進み、経済成長にも大きな影響が出るという見通しです。このように、かつて想像もしなかったようなスピードで人口減少が進んでいくと、私たちの生活はどのように変わるのでしょうか。想像してみると、少子高齢化の影響による年金カットや医療費負担の増大が思い浮かびます。また、働く世代の減少により、学校や警察・病院・消防署などには職員がいなくなるかもしれません。他にも、米や野菜の農家が減少して食料不足に陥るばかりでなく、それらを販売するスーパーマーケットやデパートも減少し、バスや電車・新幹線などの本数も減り、地方のみならず大都市圏からも人が消えていくことでしょう。まさに国の存続の危機に関わるような事態が目の前に迫ってきているのです。

2016年6月、政府は、「ニッポン一億総活躍プラン」を閣議決定し、子育て支援の拡充や高齢者雇用の促進などに取り組み、「半世紀後の未来でも、人口1億人を維持する」という目標を発表しました。また、2019年4月には、「出入国管理及び難民認定法」が改正され、新たな労働力を確保するために、外国人労働者の受け入れが拡大されました。これにより、2010年には約208万7000人だった在日外国人は2020年には約288万6000人まで急増しました（法務省・出入国在留管理庁2020年6月末調査）。これから数十年、数百年間の間に、海外から数千万人の人々が来日し、日本で暮らすようになることも予想されます。つまり、全国の各地で、外国に関係のある方々が当たり前に集住する時代が迫ってきていると言えるのです。

急増する「日本語指導を要する児童生徒」

文部科学省の「日本語指導が必要な児童生徒の受入状況に関する調査」（平成30年実施）

によると、日本語指導が必要な児童生徒数は、２０１８年は５万１１２６人で、前回調査の２０１６年の４万３９４７人に比べると７１７９人の増加、10年前の２００８年調査の３万３４７０人と比べると、１・５倍以上の増加となっています。特に日本語指導が必要な日本国籍の児童生徒は２００８年から２０１８年の10年間で約２・１倍増になり、国籍取得や国際結婚などによって、日本国籍を保有している子供の中にも、日本語指導が必要な子供が増加しているという様子が窺えます。２０１９年に行われた成人式では、東京23区の新成人の約８分の１が外国籍で、新宿区にいたっては45％が外国籍と、若い世代の増加率も急増しているということでした（「朝日新聞」2019.1.14）。

私が勤務する横浜市の小中学校においては、毎年、外国につながる児童生徒（ここでは、外国人児童生徒も含む）が約４００～７００人ずつ増加傾向にあり、２０１９年は、５年前の２０１４年の７４８８人と比較すると２６１５人増加し、１万人を超

公立学校における日本語指導が必要な児童生徒数の推移

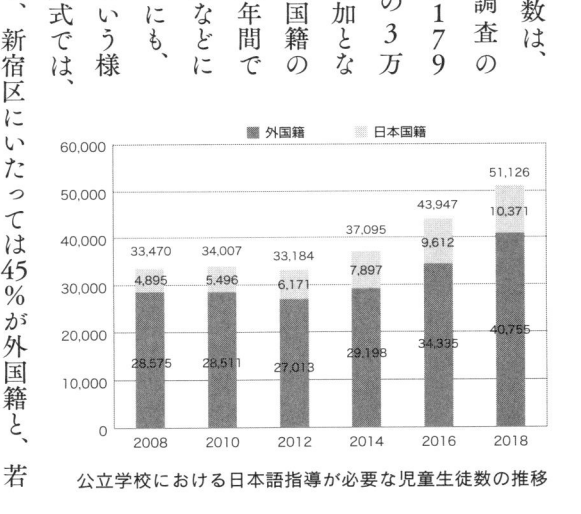

外国籍児童生徒の母語

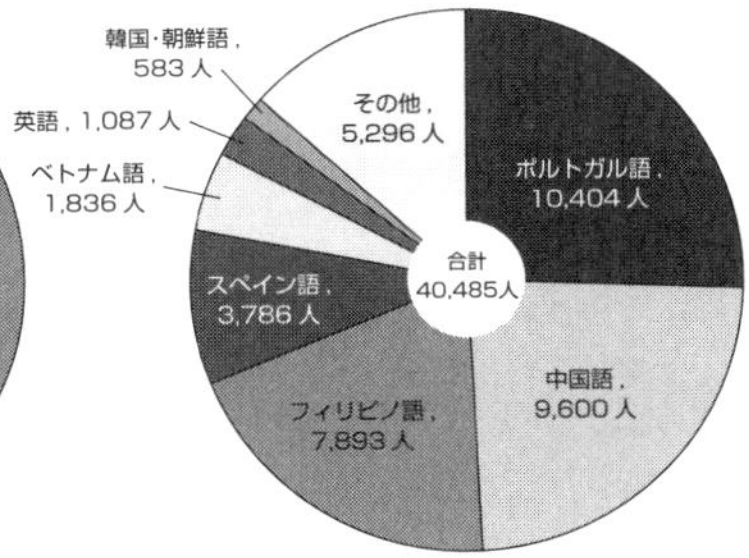

日本国籍児童生徒の比較的使用頻度の高い言語

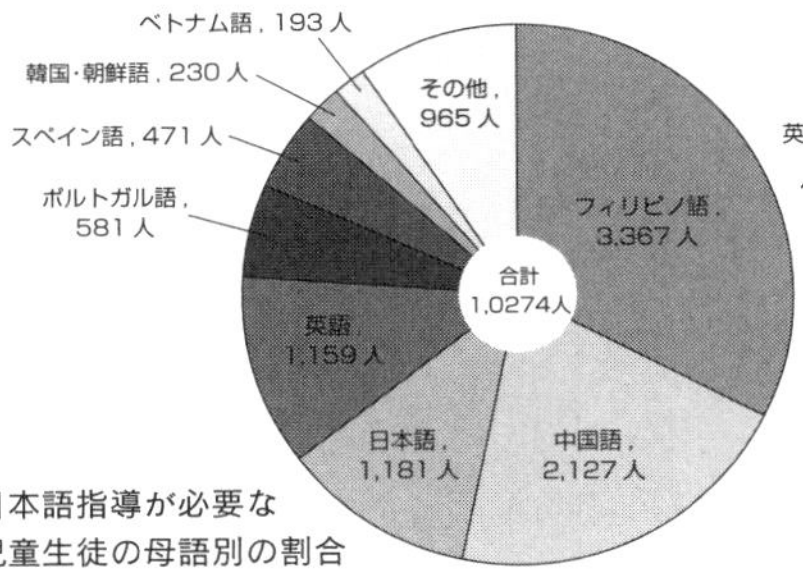

日本語指導が必要な児童生徒の母語別の割合

える外国人児童生徒が学んでいます。そのうちの約27％である２７０５人が日本語指導が必要な子供ですが、この数字も２０１４年の１４４４人と比較すると、１・87倍と2倍近い増加となっています。外国人児童の増加はすなわち日本語指導が必要な子供たちの増加であるとも言えます。

また、先と同じ文部科学省の調査によると、全国の日本語指導が必要な外国籍の児童生徒の母語別の割合は、ポルトガル語を母語としている児童生徒の割合が全体の約4分の1を占め、もっとも多いという結果が出ています。一方、日本国籍の場合は、フィリピノ語を使用する者が3割を占め、もっとも多いとのことです。

最近の外国人児童の傾向とは

１９９０年代以前は、外国人児童といえば、保護者の転勤や留学・研究などの同伴家族として来日する子供、中国帰国者の家族、難民として来日する子供などが中心でした。しかし、1990年の出入国管理及び難民認定法の改正によって、海外で生活する日系人3世までの就労が認められると、中南米などから来日する子が増え、併せて、国際結婚や再婚に伴う呼び寄せ家族として来日する子も増加し始めました。

近年では、日本で生まれた2世、3世世代の外国人児童（ニューカマー）が増加し、同じルーツをもつ人々がコミュニティを形成して集住する傾向も見られています。また、先に日本に来た両親が、母国の祖母や親戚に預けていた子供を、母国の学校から就学途中または卒業に合わせて呼び寄せる事例も多く見られるようです。最近は日本で生まれた外国人の子供たち同士の結婚、または日本人など違う国籍同士の結婚も増え始め、複数言語文化にルーツをもつ方々が増加し始めてきました。

また、母国で就学後に来日する子供たちは、言語能力が急速に発達する乳幼児期に異文化間を移動して、様々な言語環境の中での生活を経験することになります。生後、家庭で使われていた言語（母語）とは別に、日本での保育園や幼稚園、小学校に通うことによって、日本人よりも早い時期に第二言語（この場合は日本語）に触れることになり、それ以降の発達や言語習得に大きな影響を及ぼすと言われています。

❷ 外国人児童をめぐる支援の現状は？

自治体によって支援体制は様々

外国人児童生徒を支援するための施策については、各都道府県によって大きく異なり、細やかで手厚い支援体制が整っている自治体、また、支援体制が整備されておらず、各学校任せになっている自治体など、様々です。私が勤務している横浜市では、日本語指導が必要な子供たちが一定数在籍している学校に、市として様々な支援事業が整備されています。まず、横浜市では日本語指導が必要な児童生徒数に応じて「国際教室」が設置され、教員が加配されています。2019年現在では、142校（小学校112校、中学校30校）に国際教室が設置され、日本語指導や教科補習、生活適応指導などが行われています。また、該当する子供が多く在籍する学校や地域では、日々の生活指導、学習支援、保護者対応などに、母語で対応できる人材として「外国語補助指導員」が9校（小学校8校、中学校1校）に常駐しています。日本語教師（母語対応一部可）の資格をもつ非常勤講師が、市内の5校（小学校3か所、中高校1か所ずつ）に設置される「横浜市日本語教室」で日本語の初期指導を行います。中学生は日本語教室を設定している中学・高等学校に通級し、日本語教室のある小学生は、自校の日本語教室で学習します。また、日本語教室が設置されていない小学校の対象児童には、講師が派遣され、指導を行っています。

また、横浜市では、公益財団法人横浜市国際交流協会との業務委託により、転入学の説明、個人面談、入学説明会、家庭訪問などでの通訳を派遣する「学校通訳ボランティア」事業が整備されています。新たに転入・編入学してきた児童生徒を対象に、約1か月間、週3日の集中的な日本語指導及び学校生活の体験を行う日本語支援拠点施設『ひまわり』も2017年に開設しました。他にも、多言語による「学校ガイダンス」や、新1年生の児童と保護者を対象にして、入学する前に学校生活を体験するプレスクール「さくら教室」も行われています。

国際教室担当教諭は、外国人児童生徒と支援機関との連絡調整を行っています。来日したばかりで日本語支援拠点施設でプレクラス（初期日本語学習、学校生活体験、教科につながる日本語学習を行う）に通級した児童生徒については、指導報告書を参考として、引き続き国際教室で学習を行います。また、日本語教室に通級している児童生徒については、子供たちの様子や日本語学習の内容などについて、教育委員会の日本語教室講師と国際教室の担当が情報を共有しています。

外国語補助指導員については、母語依存度が高い児童生徒を中心に、日本語がわからなくても母国での既習知識を活用して学習できる算数科や日本での生活経験がないために学習できない社会科などを中心に、その日の時間割を設定してします。

外国人児童への支援の転換

2016年3月の教育再生実行会議の中で、「我が国で暮らす外国人の数も増加しており、日本語指導を必要とする子供たちも増加傾向にある」として、子供たちの「多様な個性が長所として肯定され生かされる教育」への転換についての話し合いが行われました（全ての子供たちの能力を伸ばし可能性を開花させる教育へ〔第九次提言〕）。外国人児童の支援は、今までは、どちらかというと、「日本語指導」という視点から語られることが多かったのですが、この教育再生実行会議では、子供たちの生まれもった特徴や多様性を認め、民族的少数者の文化的多様性や学習スタイルの多様性を尊重し、様々な言語文化を学習カリキュラムに取り入れるなどした「多文化教育」の必要性について強く提言しています。

今までは、どちらかというと日本での生活をより豊かにできるようにという方向の支援が主流で、日本語を学び日本文化に適応することを求めすぎていたのではないでしょうか。確かに、就学途中で来日した子供たちにとって、母国での学習経験や知識を日本での学習に活かすことは、ある程度の日本語を獲得するまでは難しいというのが現状です。しかし、生活上、必要最低限の日本語は必須だとしても、その子自身が生まれもっている特徴や母語による学習知識を日本での学習に活かせる支援（「継承語教育」「イマージョン教育」「母語教育」「母語を用いた学習支援」など）は必要であり、それらを意図的・計画的に実践できる多文化教育への転換が求められます。今後は日本生まれの外国人児童の増加が予想されるので、日本語の補習だけではなく、母語を活用した学習のプログラム化も必要になると考えられます。特に、来日直後の子供たちの教科学習達成のために、母語イマージョンの実現が望まれるところです。そのような教育を通してグローバル化する我が国の大切な人材として外国人を受け入れ、様々なものの見方や価値観を認め、一人ひとりの特徴や多様性を活かすことで、「国の資源」として活躍できる人材を育てていくことができるのだと思うのです。

3 多文化時代の学校教育のあり方とは？

まずは学校教育目標の設定から

私が２０１４年から２０１８年までの４年間勤務したＡ小学校は、少子高齢化に伴って児童数が減少したことにより、Ｉ小学校（２００４～２０１４年の10年間勤務）とＢ小学校が統合され、２０１４年に開校した小学校です。この地域には、外国人が多く集住する県営団地を抱えていたこともあり、Ｉ小学校は全児童の約７割%、Ｂ小学校は約３割が外国に関係のある子供たちでした。

まず、両校が統合するにあたって、外国人児童やその保護者たちを、いわゆるお客さんとして扱うのではなく、同じ地域に暮らす生活者として、互いの特徴や多様性を認め合い支え合いながら生活できる学校づくりを目指すことにしました。そのために、開校前に取りかかったのは、学校教育目標の設定です。両校の先生方や保護者、地域の方々より、学校として地域として大切にしてきたこと、これからも守っていきたいことなどをキーワードとして集め、集約しました。そして、「話す言葉や国、環境などが異なっても、心と心がつながる活動をすることによって、お互いが笑顔になって仲よく生活することができることを、この地域から子供たちが世界に発信していってほしい」という願いを込めて、『心つながり　笑顔ひろがり　世界へはばたく』という学校教育目標を掲げることになりました。このように、A小学校では様々な場面で多文化共生に触れて考えて実践できるように、まずは全児童、保護者、教職員、そして地域が一体となって取り組める環境づくりが行われたのです。

母語を大切にした教育

外国から来日したばかりの子供は、ある程度の母語を保持していることが多いのですが、来日した学齢によっては、その保持能力に大きな差があります。一般的に低学年は、会話程度の話はできますが、読んだり書いたりすることは難しく、中学年では、簡単な文章を読んで、簡単な文法で書いて表現することができ、高学年では、聞いたり読んで理解したことを、正しい文法で話したり書いたりして表現できる程度の母語を保持していることが多いようです。しかし、来日して1年も過ぎる頃になって、簡単な日本語を覚えて先生や友達とコミュニケーションがとれるようになってくると、学齢が低いほど、母語を忘れてしまう傾向が見られます。2年も過ぎると、高学年で来日して母語をしっかり保持していた子供でも、話せるけれど、母語での言い方や書き方を忘れてしまうことがよくあるようです。

また、最近、増加している日本生まれの外国人児童たちは、会話程度の母語を話すことができるけれど、書いたり読んだりすることはできない傾向が見られます。トロント大学のカミンズ（↓p.191）教授の報告によれば、母語は第二言語（日本で学ぶ子供たちの場合は、日本語）の読み書き能力や認知面における発達の基礎であり、相互に依存しているそうです。また、小学

4年生までに母語の教育を受けないと、第二言語の学習言語を母語話者と競争できる程度まで習得することはできないとも言われています。つまり、10才頃までに読み書きができるまでの母語を習得しなければ、外国語、ひいては外国語で学ぶ教科の学習に支障をきたすということなのです。それだけでなく、母語を喪失してしまう可能性も高くなりますし、教育が遅くなればなるほど、受験を突破できるほどの日本語能力と学力の獲得は期待できなくなるのです。

その一方、4年生までしっかり母国で学び、4年生以降に来日した子供たちは、母語で思考しながら第二言語を学ぶことができるので、その後の日本語の獲得も早く、高校進学も可能になってきている傾向が見られます。何より、その後の母語保有の可能性が高まり、アイデンティティの確立や自己肯定感の高揚も期待できると言われています。

共通語を母語としない異国で学ぶ子供たちへの母語保障の取り組みについては、アメリカやカナダなどの移民大国で先進的に行われています。日本も批准している「児童の権利に関する条約」には、子供自身がもつ文化的アイデンティティ・言語・価値の尊重に関する記述があるものの、日本においては学校教育の中で行われている例は、ほとんど聞かれません。このままでは複数言語環境下で育つ日本国内の日本語を母語としない子供たちは、何の対応もされないまま成長し、母語・母文化への意識を含む自尊感情の確認や育成が行われない可能性もあります。

一般的に、言語はアイデンティティの形成と密接に関わっていると言われていますので、子供が自分の「言語」を確立できない状態になれば、その後のアイデンティティも不安定になってしまうのです。このような子供たちの将来を見据えて、外国人児童の母語を保持・育成していくことが大切なのです。

アイデンティティを育む言語教育の方法

現在の日本の学校教育の制度では、アイデンティティを育む言語教育環境を整備するのは難しいと考えられます。現実には「具体的に何をどのようにすればいいのか？」というような不安を抱かれる先生も多いことでしょう。しかし、このように一見難しく思えることも、日本の「母語（この場合は日本語）」に対する考え方や取り組みに目を向けてみると、その解決策を窺うことができるのではないかと考えています。

例えば、『母語の大切さをご存知ですか？　～海外での日本語の保持と発達～』（公益財団法人海外子女教育振興財団、２０１８年）という冊子があります。企業などの転勤、海外派遣等によって乳幼児や小学生とともに海外で生活する日本人家族向けにつくられた冊子ですが、そこには、「母語の順当な発達は、健全な人格形成の基礎」とあり、人間形成の基盤となる「言葉」としての母語（日本語）の大切さ、母語を保持していく必要性などが書かれています。さらに、日常会話で使われる生活言語とは異なる「学習言語」を身につけることの大切さにも触れています。

この冊子で述べられていることは、あくまでも将来、日本に生活の場を置いて生きていくことが前提となっていますが、前述したように、多くの外国に関係のある方々が集住し、様々な文化をもつ子供たちが共存するようになる日本の近い将来の姿を考えると、ここで述べられている母語保持の大切さは、もっと一般化して考えるべきことだと思うのです。つまり、日本で生活している外国人の子供たちにとっても、継承語である母語はとても大切であり、日本で受け入れた以上は、海外で生活をする日本人の母語保持と同じようにそれぞれの母語の保持を保障しなければならないということです。

私たちが、外国人の子供たちの母語保持のための支援に取り組み続けることによって、我が国が移民大国の仲間入りを果たし、一人ひとりの人権を大切に考えた多文化社会が実現するのだと信じています。

様々な言語を選択できる環境づくり

2013年、東京オリンピックを見据えて、子供たちが外国の人たちと英語でコミュニケーションをとることができるように、「小学校における英語教育の拡充強化」「中・高等学校における英語教育の高度化」などの英語教育改革を進めていくための計画が発表されました。私は、このニュースは聞いた時に、以前勤務していたA小学校の周りの地域で暮らしている外国人児童にとって、英語という第3の言語学習が及ぼす影響についての懸念を抱きました。

私個人としては、おそらく現在のような日本の教育構造では、英語教育にかける時間をたとえ増やしたとしても、世界の同世代の子供たちと同水準の英語力を身につけるのは難しいのではないかと考えています。それよりも、外国語学習の扱いを柔軟にし、様々な言語を選択して学習できるよう言語教育のシステムを構築することのほうが、必要だと私は考えています。「私はベトナム語の通訳ができます」「ぼくは中国語の通訳ができます」「ぼくは英語の通訳ができます」というような多様な人材を育てる国であるほうが、「多様性に富んだ豊かな国」をつくっていくことができるのでは

ないでしょうか。

p.53でも述べた通り、移民大国であるアメリカでは、マイノリティである継承語話者を「社会のお荷物」とする見方から、一人ひとりの特徴や多様性を肯定的に受け入れた「国の資源」とする見方に長い時間をかけて転換してきたそうです。そして、アイデンティティや自己肯定感を育むことができる継承語教育に力を入れてきたと聞きました。

「児童の権利に関する条約」には、言語少数派の児童に対する教育のあり方として、「言語少数派の文化的多様性を理解して学習スタイルの多様性を奨励し、言語少数派学習者の言語文化をカリキュラムに取り入れることが大切である」と謳われています。私が勤めていたI小学校では目の前にいる文化の異なる人との人間関係づくりを考える「多文化共生を盛り込んだ学習」に取り組んでいました。しかし、何かの教科の時間を減らしてその時間を設定するのではなく、全ての学校教育活動を通して、全教科の学習の中で、様々なものの見方や考え方を認め合える場を意図的・計画的に設定していました。このような取り組みを通して、日本とは異なった文化や言語を保持していることを肯定的に受け入れる教育を行っていくことは、日本人児童にとってもグローバルな視点での学びにつながるよさがあり、今後の多文化社会における教育の方向性となるだろうと考えています。

「進学か、就職か」将来の見えない子供たち

子供たちにとって、「進学か、就職か」というような進路選択をする中学・高等学校後半は、その後の方向性や生き方が決まる大切な時期です。日本人の子供の場合は、親やきょうだいから経験を聞いたり、目指す方向で活躍している著名人やアスリートの経歴など、様々な情報に自分を重ねたりして、人との関わりの中で進路を決定することができるでしょう。しかし、外国に関係のある子供たちは、自分のロールモデルとなる親や兄弟の存在がなかったり、それどころか言語を介してのコミュニケーションがうまく成立しない関係から、孤立してしまったりすることもあるようです。

また、国によっては、「中学を卒業したら、家計を助けるために働いてほしい」と思うのは当たり前の国もあり、いわゆる三者面談のような場でも、子供の進路に無関心な保護者は少なくはありません。

進学に関しては、自治体によっては来日してからの滞在期間などで、一定の配慮がある高校入学試験を受験できるところもあるようです。最近は、定時制高校や通信制高校、多部制高校（午前校と午後校）などのような、働きながら学ぶことができる学校も増えているので、将来への明確な方向性がない子供たちの多くは、とりあえず入学できる高校に入ってしまうことが多いようです。しかし、文部科学省が実施した調査によれば、２０１７年度には、日本語教育が必要な公立高校生のうち、９・61％が中退していたことが明らかになったそうです（「朝日新聞」2018.9.30）。２０１６年度の全国の公立高校生の中退率は１・27％ですから、日本語教育が必要な生徒の中退はその7倍を上回る数字だったことになります。東京学芸大学の齋藤ひろみ教授は、「高校を中退してしまうと、主体的に社会に関わることが難しくなる。将来も日本に暮らすであろう若者を支援し、その力を社会で発揮できるようにしないといけない。高校での日本語指導の強化など教育投資が必要だ」と指摘しています。ある中学校の先生に聞いた話では、「全生徒が高等学校などへの進学を実現することを前提とした進路指導をしているので、外国に関係のある生徒でも、とりあえず入学できる高校へ入れてしまう」という現実もあるようです。

私が長く勤務したI小学校のある地域では、小中学校連携事業の延長で、高等学校の先生方との連携が進み、日本語指導のカリキュラムや通訳派遣、翻訳などの保護者支援など、各高等学校での支援の様子を、子供の支援に関わる小中学校の教職員、ボランティアなども把握しています。また、中学生とその保護者、ボランティア、中高教員などが参加する外国人進路説明会において、子供や保護者の願いや思いに寄り添った望ましい進路について紹介をしています。このように小・中・高等学校が連携し、情報交換をしながら、一人ひとりの子供に合った進路選択の支援を行っていくことが必要だと考えます。

❹ 多文化共生社会への道

多文化共生社会への大きな壁

２００８年９月、リーマンショックが世界中の経済に大きな影響を及ぼし、日本経済も大打撃を受けました。中でも立場の弱い、外国に関係のある方々の多くが仕事の契約を解除され、働きたくても働けなくなって、家族全員で帰国する方もいました。また、２０１９年には、出入国管理法の改正にあたり、技能実習生の実態などが問題視され、報道されました。来日当初の契約とは違って、低賃金・重労働の中で細々と暮らし、時には偏見や差別を受けながらも、母国に残した家族のために必死に働く方々がテレビ画面に映し出されたのです。

移民や難民などの受け入れに関して歴史が浅い日本においては、まだまだ「多様性を活かす国づくり」が実現できていません。いまだに社会の構造が多文化化されずに、多様性を保持していることが優位に働く進学や就労の例はとても少ないのが現状だと思います。

２０１９年1月7日付の「朝日新聞」によると、移民大国ドイツにおいては、移民やその子孫が人口の2割を超え、ドイツ語が不自由な子供たちは授業についていけず、2世、3世世代は、所得格差に苦しんでいるとのことでした。このような他国の状況を踏まえて、私は、２０１５年、某市役所の人権研修に招かれた折に、我が国の外国に関係のある方々、特に難民の受け入れ状況とその支援、学校現場における外国人児童の支援の現状を説明し、多文化共生社会の必要性について話したことがあります。しかし、「取り組みの工夫や大切さについては理解できたが、現在の日本の社会構造上、ベトナム語ができることが進学や就労に有利となる事例は少ない。それならば、現実に合わせて日本で生きていくための日本語を日本語でしっかり教えるべきだ」という意見をいただきました。政策や社会の仕組みを検討・調整できるはずの行政機関からこのような発言があったことに、私は正直驚きを覚え、ＥＵ（欧州連合）を離脱したイギリスと同じように、陸続きの国境がない我が国においては、多文化共生社会への変換には、大きな壁が実在していることを改めて痛感したのでした。

多様性が創り出す新たな社会へ

２０１７年にアメリカで行われたゴールデン・グローブ賞の授賞式で、ある女優が移民排斥を唱える大統領に対して、「ハリウッドはよそ者や外国人であふれている。これをすべて追い出せばアメリカンフットボールと総合格闘技以外に見るものはなくなる」と述べたことが話題となりました。アメリカは、現在は年間67万５０００人の枠を設け、移民の受け入れを行っている「移民大国」です。移民第一世代は移民先の国ではマイノリティでしたが、二世世代、三世世代となると移民人口が増加し、どんどんその人口を拡大させています。現在はメキシコなどからやってきたヒスパニック系の移民人口が急増しており、２０５０年には、「アメリカは非白人の国になる」とも言われているそうです。

２０１７年にロンドンで行われた世界陸上の男女４００ｍリレー。レース後のウイニングランの場面では、非白人系のアメリカの男女代表が星条旗を掲げ、スタンドでは自国を応援するためにはるばるロンドンに来た白人系のアメリカ人が映し出されていました。アメリカでは長い歴史と時間をかけて移民文化が浸透して新しい文化が創り出され、多様性が当たり前になっている、そんな様子が窺えた場面でした。

一方、日本国内を見渡すとどうでしょうか。テレビで国技の大相撲を見ていたところ、画面に映し出されたのは、優勝を争うモンゴル出身の二人の力士の組み合わせでした。しかし、数日後の報道では、優勝したモンゴル出身の力士を称える記事よりも、日本人横綱待望論の記事が大きく取り上げられていました。日本には陸続きの国境がないことが影響してか、日本独自の文化が形成されてきた歴史があります。しかし、長い年月の間に、約290万人近い外国人が日本に移り住み、そして外国から多くの観光客が来日する時代となりました。今後、日本では世界が経験したことがない速度で少子高齢化が進行します。仮に日本が20万人の移民を毎年受け入れたとしたら、10年で200万人となり、30年後には日本人の出生率を大きく上回って人口が増加する可能性も考えられています。それればかりでなく、日本人と外国人との国際結婚も一般的になり、第二世代以降の人種構成も大きく変化することで、これからの時代、アメリカと同じように、日本でも新しい文化が創られ、多様性が当たり前になる時代が来るだろうと考えられます。たとえるなら、中国系移民が和室のある家に住み、インド系移民が柔道や茶道や古典芸能で活躍するようになった時、日本の伝統的な文化や価値観は、新たに全く違うエッセンスが加わり、大きく発展していく可能性があるのです。

多文化共生教育の実現に向けて

「多文化共生教育を行っていますか」と聞かれることがあります。その答えは、何をもって「多文化共生」と考えているのかによって異なるでしょう。私が想像する「多文化共生」とは、単に第二言語や母語などを学ぶということではなく、「目の前の人との課題を解決する方法の一つとして、異文化を通して考える」ということです。

では、「国際理解」と「多文化共生」の違いは何でしょうか。「国際理解」は他の国を知ること、「多文化共生」は他の国の方々とともに生きることというような一般的な答えでは、本質を言い当ててはいません。身近な例で言うと、「デパートの○○物産展で名産品を買ってきたけど、とてもおいしかったね。今度、○○の土地に行ってみたいね」のように、行ったことがない土地や国の文化を体験し、すばらしさを認めることが「国際理解」だとすれば、目の前の人の国籍や話す言葉などはあまり関係なく、お互いを尊重し、理解し合える人間関係づくりこそが「多文化共生」だと考えています。つまり、「多文化共生」とは、目の前にいる文化の異なる人との人間関係づくりなのです。そして、一人ひとりが生まれもっている多様な個性を認め、それを活かすことができるのが多文化共生教育だと考えます。それは特定の教科で行うものではなく、全ての教育活動を通して、様々なものの見方や考え方を認め合える場を設定し、実現していくことが必要なのです。

「本当の日本人」って⁉

2018年9月、全米オープンテニスで大坂なおみ選手が日本人として初めて優勝しました。連日、テレビをはじめとする多くのメディアでも取り上げられ、新聞記事には「日本勢初の快挙!」との見出しが躍りました。私はこの記事を目にした時、「日本人初」ではない「日本勢初」という文言に何か違和感を抱きました。記事の中には、他にも「日本人の誇り」「日本の新しいビッグスター」「日本人より日本人らしい」といった喜びのコメントがありました。その一方で、「正直、日本人初で優勝するなら、本当の日本人のほうがよかった」「彼女は100%日本人ではない」というネガティブなコメントもあったのです。国際結婚によって生まれた2世、3世世代でアスリートとして活躍しているのは、他にも陸上競技のサニブラウン・アブデル・ハキーム選手や野球のダルビッシュ有選手などがいますが、彼らの見た目やカタカナ名などに過剰に反応してしまう人もいるようです。しかし、私たちの身近では、日本人と外国人との国際結婚も一般的になっており、複数言語文化にルーツがある方の活躍も様々な場面で目立ってきています。つまり、私たち日本人が受け止めなければならないことは、「日本人の多様性も、すでに現実になっている」ということなのです。

今後の日本は、移民大国であるアメリカと同じように第二世代以降の人種構成も大きく変化して、新しい日本文化がつくられ、多様性が当たり前になる時代に変わっていくことが、考えられます。そうした多様性が他の分野でも当たり前になった時、日本が伝統的にもっていたとされる文化や価値観は、より発展していくのかもしれません。

以前、テレビで東京の深川の料亭などで日本舞踊を披露する団体が紹介されたことがありました。そこに映し出されたのは、日本舞踊を踊る日本人の横で、三味線を弾くヨーロッパ出身の女性でした。アナウンサーの「日本人は?」の問いに、「日本の伝統を引き継ぎたいという気持ちには、国籍や民族は関係ない」と答えている姿が印象的でした。このように、「日本人の多様性」もすでに現実になっている昨今、大坂なおみ選手や沖縄県知事の玉城デニーさんのように、複数言語文化と関係のある方々の活躍が目立ってきたことで、人々が思う「日本人像」が曖昧になってきたことは、多文化社会の実現に向け、よい方向に向かっていることなのではないかと思うのです。

あとがき

２０１５年9月に行われた国連総会において、「誰ひとり取り残さない持続可能で多様性と包摂性のある社会の実現」のため、２０３０年を年限とする17の国際目標を定めた「持続可能な開発目標（Sustainable Development Goals）」（ＳＤＧｓ）が全会一致で採択されました。

我が国においても、バブル期以降の急速な外国人労働者の流入により、２０００年の「第二次出入国管理基本計画」では、「人権尊重の理念の下で、社会のニーズに応える外国人の受け入れを推進することにより、社会のあるべき姿の実現に貢献し、また日本人と外国人が心地よく共生できる社会の実現を目指していくものである」として、２００６年に「地域における多文化共生推進プラン」を策定し、各都道府県及び市区町村における多文化共生の推進を図りました。その後、外国人住民の増加と多国籍化、国連が発信した多様性・包摂性のある社会実現の動き、デジタル化の進展、気象災害の激甚化など、多文化共生施策を取り巻く社会経済情勢が大きく変化し、2020年9月に「地域における多文化共生推進プラン」を改訂して、各都道府県に周知しました。今回の改訂でのキーワードは、「誰ひとり取り残さない」と「多様性と包摂性のある社会」です。

思い起こせば、約30年前。体育大学の4年生だった私は、養護学校教諭（現特別支援学校教諭）の資格を取得するために、ある特別支援学校で教育実習を行っていました。その特別支援学校は、子ども病院と隣接していて、重度の障害がある子供たちが寄宿舎生活をしながら勉強と治療をしていました。私は、体育の授業を担当していたクラスで、サッカーの研究授業をすることになりました。しかし、そこに参加していたのは、事故で両足が欠損している子、下半身麻痺で車いすの子、自力では足を動かせず歩行器具を用いている子など、様々な身体的ハンデキャップのある子供たちばかりでした。若いサッカーを専門としている大学生から教えてもらえることに目を輝かせている子供たちを前に、それまで私が抱いていたサッカーの概念が崩れていくような感覚に襲われました。

そんな時、私の担当教諭が「一人ひとりが違うのは当たり前。一人ひとりの特徴を受け入れて、みんなが理解し合える活動にすることが大切」とアドバイスをくださいました。その後は、「あの子は、動けないからゴールキーパーしかできない。この子は動けないから審判だな」などと思いやりのつもりで判断していたことを、「この子が参加できる方法は？」と一人ひとりの動きやルールをみんなで話し合って決めて、みんなが参加できるサッカーをつくり上げていきました。そこで私は、サッカーがこんなに楽しいスポーツなのだということを初めて知ったのです。生徒の一人から「将来、日本代表になりたいです」という感想をもらった時、まさに「誰ひとり取り残さない、多様性と包摂性」のある教育の大切さを身をもって体験した気がしました。

突然来日して転入してきた子供は、日本語を話すことができないというハンデキャップをもっています。日本語だけで全ての教育活動が可能だった教室に、ある日、日本語が全くわからない外国人児童が転入してきて、「何をしたらいいのかわからない」と悩んでいる先生方もいらっしゃることと思います。しかし、そのハンデキャップを周りの仲間で共有し、クラスの一員として温かく受け入れ、支え合い、外国人児童たちが自らの特徴に自信をもって活躍できる社会にしていくことが、今後の日本社会には求められているのです。

今回改訂された「地域における多文化共生推進プラン」の教育における具体的な施策ですが、「全ての児童生徒を対象とした多文化共生の考え方に基づく教育を推進する」としながらも、「外国人の人権尊重の視点に配慮し、全ての児童生徒を対象とした多文化共生や異文化理解の考え方に基づく教育を推進」と書かれているように、その具体的な取り組みについては、結局、各学校や各担任任せとしているように思えます。

私は、この本の中で、学校として行う学校行事や各授業における多文化共生及び異文化理解を図る学習について紹介してきました。この本を読んだみなさんには、これらの実践を参考として、誰ひとり取り残さない、多様性と包摂性のある学校行事や学習を工夫して実践していただきたいと思っています。

補注

P6 **外国人児童**……本書では、「外国籍及び外国につながる児童生徒」を「外国人児童生徒」、またそのうち小学校に通う学齢期の子供について「外国人児童」という呼称を用いる。

P7 **母語・母国語**……母語とは、生後に生活環境の中で自然と身につけてしまう第一言語で、母国語とは、国籍をもつ国の公用語（国語）のことのように一般的には区別されているが、本書では「母語」と統一して用いている。

P40 **JSLカリキュラム**……日本語の力が不十分なため、日常の学習活動に支障が生じている子供たちに対して、日本語の習得を通して学校での学習活動に参加するための力の育成を図るためのカリキュラム。

P134 **DLA**……DLAとは、Dialogic Language Assessmentの略でJSL対話型アセスメントのこと。日本語指導が必要な外国人児童生徒の増加に伴い、日常会話はできるが教科学習に困難を感じている外国人児童生徒を対象とした日本語能力の測定法として開発された（2014年3月、文部科学省）。

P171 **カミンズ（ジム・カミンズ Jim Cummins）**……カナダのトロント大学オンタリオ教育研究所の教授。日常生活の言語能力と学校の授業で使う言語能力を区別して、「生活言語能力（BICS-Basic Interpersonal Communicative Skills）」と「学習言語能力（CALP-Cognitive Academic Language Proficiency）」と命名した。カミンズが提案した「相互依存仮説」では、母語と第二言語を氷山にたとえ、根底にある共有する能力の存在を強調している。この仮説によると、母語と第二言語は、表面上全く違うもののように見えても、深層部分で共通する言語能力の領域をもっており、二つの言語で共有される言語能力は、どちらか一方の言語によって高めることができると示している。

菊池 聡
きくち さとし

神奈川県公立小学校教諭。2001 ～ 2003年に香港日本人学校大埔校に勤務。帰国後、2004年より横浜市立いちょう小学校で国際教室を担当し、2014年、横浜市立飯田北いちょう小学校として統合後、国際教室担当として2018年3月まで勤務。学校という組織の枠を超え、幼稚園・保育園から中学・高等学校との連携、地域ボランティア団体などとの協働を進め、多文化共生と、日本語教育を含めた子供たちの教育という視点から多文化共生の地域づくりに取り組む。著書に『〈超・多国籍学校〉は今日もにぎやか!――多文化共生って何だろう 』（岩波書店）がある。

イラスト◆畠山きょうこ
ブックデザイン◆albileo
校正◆麦秋アートセンター
DTP◆昭和ブライト
編集協力◆楢戸ひかる
編集◆小林尚代

学級担任のための
外国人児童指導ハンドブック

2021年3月21日　初版第1刷発行

著者
菊池 聡

発行人
杉本 隆

発行所
株式会社小学館
〒101-8001 東京都千代田区一ツ橋2-3-1
編集 03-3230-5549／販売 03-5281-3555

印刷所
大日本印刷株式会社

製本所
株式会社若林製本工場

造本には十分注意しておりますが、印刷、製本など製造上の不備がございましたら「制作局コールセンター」
（フリーダイヤル0120-336-340）にご連絡ください。（電話受付は、土・日・祝休日を除く 9:30 ～ 17:30）

ISBN978-4-09-840208-3